SCHÜLER LOTSE

D1983454

SICHER
durch das
3. Schuljahr
Deutsch

Texte und Ideen von Dorothea Blendinger

Illustrationen und Gestaltung von Robert Erker

Loewe

Vorworte

Hallo, liebe Schülerin! Hallo, lieber Schüler!

In diesem Deutsch-Übungsbuch findest du alles noch einmal, was du im 3. Schuljahr schon gelernt hast. Bestimmt machen dir die vielen kniffeligen Rätsel, die abwechslungsreichen Aufgaben und die spannenden Geschichten großen Spaß! Nimm dir Zeit, und übe in aller Ruhe das, was du vielleicht noch nicht so gut kannst oder wo du noch ein bisschen unsicher bist. Auf jeder Seite findest du einen Tipp, der dir weiterhilft. Und im Lösungsteil ganz hinten kannst du nachprüfen, ob du alles richtig gemacht hast.

Viel Spaß und viel Erfolg mit diesem Deutsch-Übungsbuch!

Liebe Eltern!

Das vorliegende Deutsch-Übungsbuch für das 3. Schuljahr behandelt alle wichtigen Deutschthemen, wie sie in den Lehrplänen für die Grundschule vorgesehen sind.
Im Einzelnen geht es um die Lernbereiche Rechtschreiben, Grammatik und Aufsatz. So kann Ihr Kind noch einmal das Gelernte wiederholen und die wichtigsten Lerninhalte üben, die in der Schule behandelt wurden. Abwechslungsreiche Aufgabenstellungen – in kindgemäße Situationen verpackt – bringen Ihrem Kind die Sachverhalte nahe. Ein Tipp auf jeder Seite fasst das Wesentliche zusammen. Und durch den Lösungsteil im Anhang wird selbstständige Kontrolle möglich.
Unser Ziel ist es, dass Ihr Kind Freude am Umgang mit der Sprache hat, dass es Sprache verstehen kann und dass es motiviert ist, Sprache richtig zu gebrauchen.
Begleiten Sie Ihr Kind auf seinem schulischen Weg. Ermutigen und loben Sie es immer wieder. So helfen Sie Ihrem Kind, Selbstvertrauen zu entwickeln und die Freude am Lernen zu behalten.

Alles Gute für Sie und Ihr Kind!

Inhalt

Rechtschreiben

Grammatik

Aufsatz

Lege dir eine Wörterkiste an, mit der du die Lernwörter aus dem Grundwortschatz übst: Schreibe alle Lernwörter auf Kärtchen, und ordne deine Kärtchen dann in das erste, das blaue Fach deiner Wörterkiste ein. Dies ist das **Anfängerfach**. Führe nun mit den Lernwörtern alle blauen Übungen durch.

Wenn du mit den Übungen fertig bist, wandert jedes Wortkärtchen in das zweite, das grüne Fach. Dies ist das **Fortgeschrittenenfach**. Führe nun mit den Lernwörtern alle grünen Übungen durch.

Danach wandert jedes Wortkärtchen in das dritte, das rote Fach. Dies ist das **Meisterfach**. Lass dir nun die Wörter im roten Fach diktieren.
Wenn du ein Wort richtig schreibst, bleibt das Kärtchen im Meisterfach, und du kannst dir auf die Schulter klopfen, weil du dieses Wort nun meisterhaft schreiben kannst.
Wenn du es falsch schreibst, wandert es zurück in das erste, das blaue Fach und durchläuft noch einmal alle Übungen.

So kannst du alle wichtigen Lernwörter prima üben und lernen.
Die Lernwörter findest du in einer Liste am Ende des Buches.

Viel Spaß mit der Wörterkiste und dem Übungsplan!

Übung macht den Meister!

1. Anfänger

- **Schreibe das Wort dreimal ab.**
- **Baue es auf und ab: S-So-Son-Sonn-Sonne-Sonn-Son-So-S.**
- **Schreibe es in Geheimschrift (jeweils ein langer Strich für Großbuchstaben, ein kurzer für Kleinbuchstaben).**
- **Trenne das Wort nach Silben: Sonn-tag.**

2. Fortgeschrittener

- **Bei Namenwörtern: Setze das Wort in die Mehrzahl: der Hund – die Hunde.**
- **Bei Zeitwörtern: Suche ein passendes Namenwort dazu: jagen – der Jäger.**
- **Bei Eigenschaftswörtern: Schreibe das Wort auf, das das Gegenteil ausdrückt: groß – klein.**
- **Bei anderen Wörtern: Bilde einen Satz mit dem Wort.**

3. Meister

- **Lass dir das Wort diktieren. Wenn du es falsch schreibst, wandert es zurück ins erste Fach.**

Viel Glück!

Übungsplan für die Lernwörter in der Wörterkiste

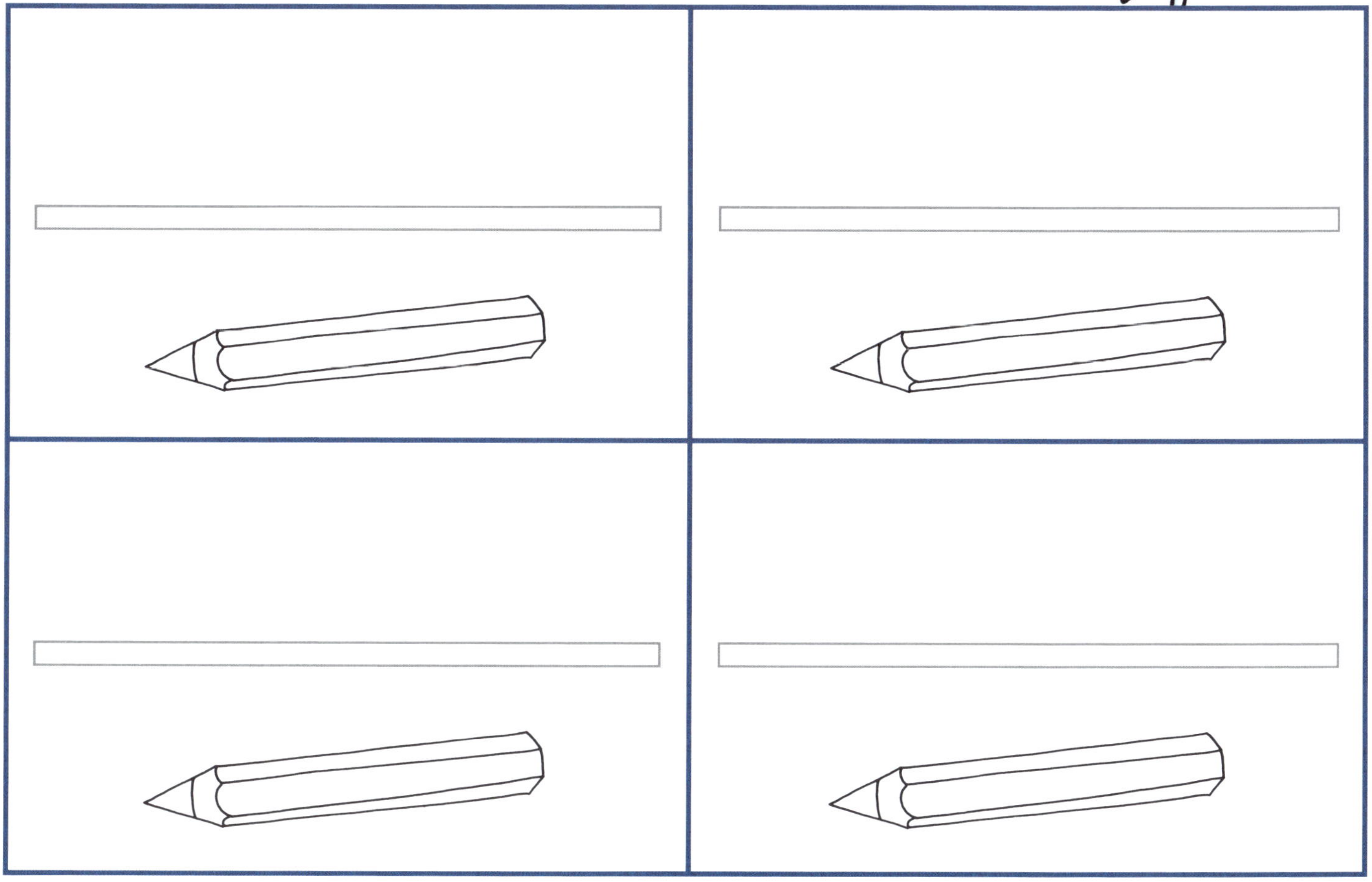

1 Auf der Tastatur des zweiten Computers fehlen die Buchstaben. Kannst du sie ergänzen? Die Buchstaben sollen in der Reihenfolge des Alphabets aufgeführt sein.

2 Schreibe die folgenden Wörter in alphabetischer Reihenfolge auf. Welcher Buchstabe fehlt?

Hase • Taube • Maultier • Yak • Bär • Jaguar • Chamäleon • Vogel • Esel • Igel • Zebra • Ochse • Leopard • Ratte • Nashorn • Dachs • Papagei • Fisch • Seepferdchen • Kuh • Uhu • Ameise • Wal • Giraffe • Qualle

3 Hier stimmt etwas nicht! Denn in jeder Zeile steht ein Wort nach der alphabetischen Reihenfolge falsch. Kreise den Fehler ein, und schreibe die Wörter in der richtigen Reihenfolge noch mal auf.

→ Draht – Farbe – Eier

→ Jacke – Löffel – Kaffee

→ Roller – Quark – Schlitten

TIPP:
Mit dem Alphabet kann man Wörter ordnen. Lerne das Alphabet am besten auswendig.

Selbstlaute, Mitlaute, Umlaute und Doppellaute

1 Male die Luftballons so aus: alle Selbstlaute rot, alle Mitlaute blau, alle Umlaute grün und alle Doppellaute gelb.

Vase Wurst Zucker
Äpfel Eis Computer

2 Kreise in den Wörtern die Selbstlaute, Mitlaute, Umlaute und Doppellaute mit den Farben von Aufgabe 1 ein.

3 Fasse alle Luftballons von der rechten Seite zusammen, die ein Wort ergeben. Kreise die Buchstabenballons eines Wortes jeweils gleich ein.

TIPP:
Das sind die Selbstlaute: a – e – i – o – u.
Das sind die Umlaute: ä – ö – ü.
Das sind die Doppellaute: ei – ai – eu – äu.
Übrig bleiben die Mitlaute, z. B. b, c, d, f ...

Selbstlaute, Mitlaute und Umlaute

1 Kennst du dich aus mit Geheimschrift? Ordne die Wortkarten richtig ein. Welche Karteikarte passt jeweils? Verbinde mit Linien.

MMMSM	MMSMM	MUMS	MUMMS	MSMS	MSMM	MSMSM

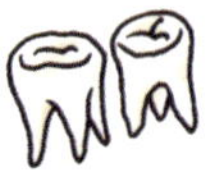
Zähne

Pferd

Vase

Netz

Nüsse

Löwe

Hose

Mütze

Salz

Vogel

Schuh

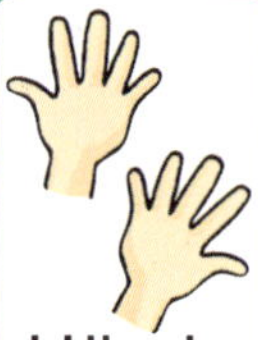
Hände

Gabel

Hase

Schaf

Rübe

Schal

2 Schreibe die Wörter – geordnet nach der Anzahl ihrer Buchstaben – in die richtigen Spalten.

Vier Buchstaben	**Fünf Buchstaben**
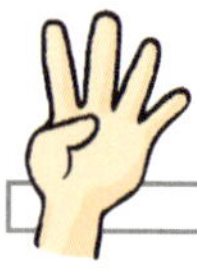	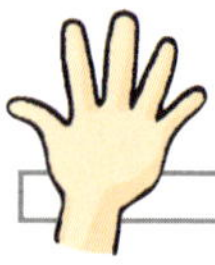 Pferd

TIPP:
Die **MSU**-Geheimschrift kannst du leicht entschlüsseln. Jeder Buchstabe ist eine Abkürzung: **M** = Mitlaut, **S** = Selbstlaut, **U** = Umlaut.

Doppelte Mitlaute

1 Die Wörterschlange hat alle Wörter verschluckt. Trenne die Wörter durch Striche voneinander, und schreibe sie in die Zeilen. Kreise alle doppelten Mitlaute blau ein.

ButterdummfressenGewitterimmerKaffeeLöffelMannschwimmenSuppevergessenZettel

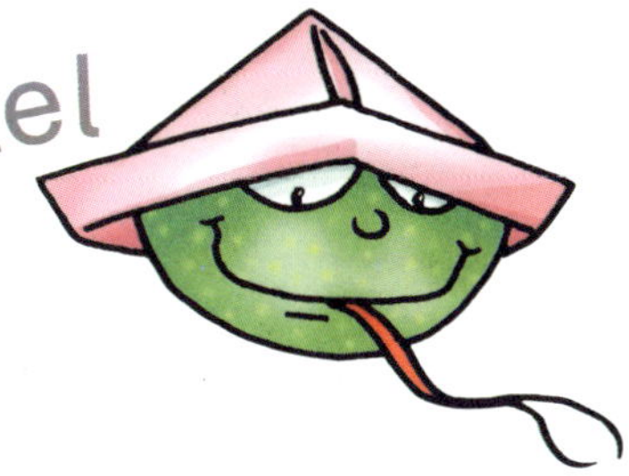

2 Auch in dieser Wörterschlange stecken Wörter mit Doppelmitlaut. Schreibe die Wörter auf die Linien. Unterstreiche den jeweils kurzen Selbstlaut oder Umlaut mit Rot, und kreise den doppelten Mitlaut blau ein.

KissennettNummerPfennigrennenrettensammelnSchlittenSchlossschüttelnSommerSpannungspottenStammstimmenTreppewennWettezittern

TIPP:
Nach einem kurzen Selbstlaut oder Umlaut wird der folgende Mitlaut in vielen Wörtern doppelt geschrieben.

Doppelte Selbstlaute

1 Die Tiere sammeln Futter für den Winter. Male alle Nüsse, in denen ein Wort mit doppeltem Selbstlaut steht, braun aus. Die Nüsse, in denen Wörter mit einfachem Selbstlaut stehen, malst du rot aus. Schreibe alle Wörter mit doppeltem Selbstlaut auf.

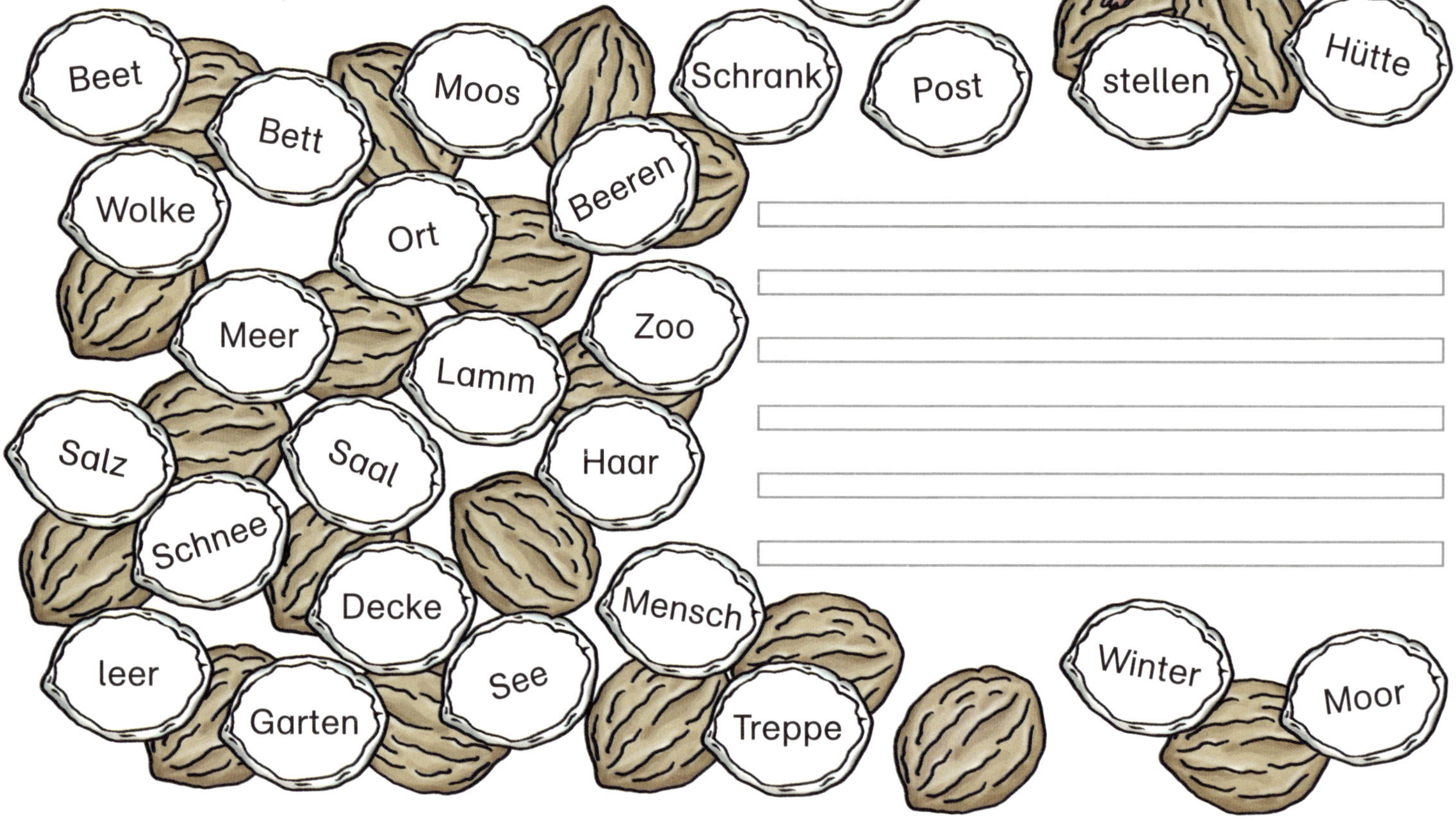

2 Nun ordnest du die Wörter mit doppeltem Selbstlaut und schreibst sie in den richtigen Laubhaufen.

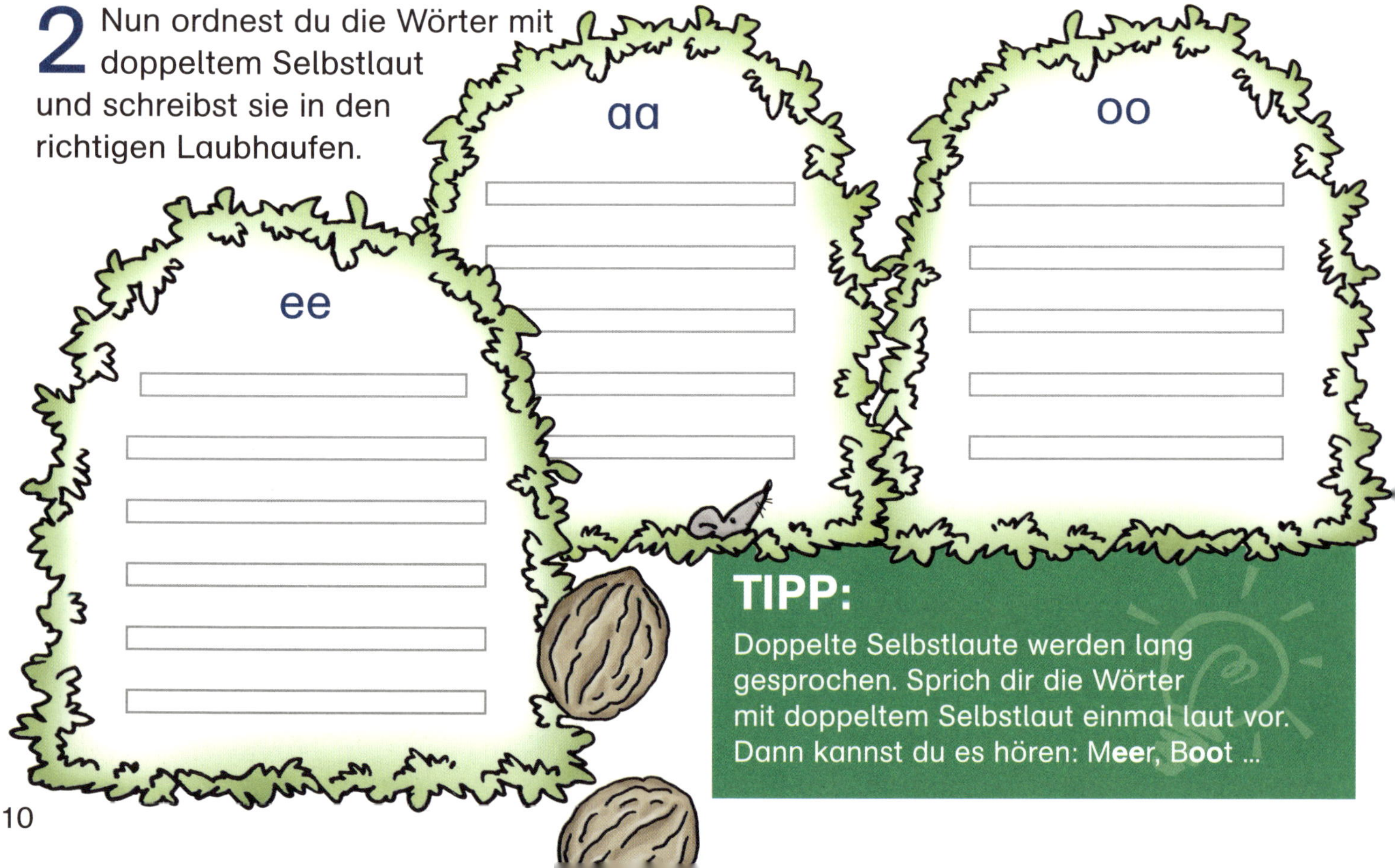

TIPP:
Doppelte Selbstlaute werden lang gesprochen. Sprich dir die Wörter mit doppeltem Selbstlaut einmal laut vor. Dann kannst du es hören: **Meer**, **Boot** ...

eu oder äu?

eu	äu		au
		←	
		←	
		←	
		←	
		←	
		←	
		←	
		←	

1 Die Seeräuber entdecken in einem Schiffswrack Wort-Schätze. Die wollen sie jetzt in zwei Booten zu ihrem eigenen Schiff transportieren. Welche Wörter gehören auf welches Boot? Setze **eu** und **äu** richtig ein, ordne die Wörter den Booten zu, und schreibe die Wörter auf.

2 Zu jedem **äu**-Wort gibt es ein verwandtes Wort mit **au**. Schreibe die **au**-Wörter dazu.

TIPP:

eu und **äu** klingen gleich. Du schreibst ein Wort aber mit **äu**, wenn es ein verwandtes Wort mit **au** gibt. Und mit **eu** wird ein Wort geschrieben, zu dem es kein verwandtes Wort mit **au** gibt.
Beispiel: tr**äu**men kommt von Tr**au**m.

Wörter mit Dehnungs-h

1 Hast du eine Rätselspürnase? Schreibe die Wörter zu den Bildern in die passenden Kästchen. Aufgepasst: Alle Wörter haben ein Dehnungs-h!

TIPP:
Der Selbstlaut vor dem Dehnungs-**h** wird lang gesprochen. Sprich die beiden folgenden Wörter einmal deutlich aus, und vergleiche: st<u>e</u>**h**len – stellen. Hörst du den Unterschied?

1 Rechtschreibdetektive nach vorne! Die Flaschengeister haben die Endbuchstaben der Wörter in den Flaschen zurückgelassen. Setze **d** und **t** und **g** und **k** richtig ein.

2 Ordne nun die Wörter von oben den richtigen Flaschen zu, und schreibe die Wörter richtig auf die Linien.

TIPP:

Du kannst hören, welchen Buchstaben du am Wortende schreiben musst, wenn du die Mehrzahl dieses Wortes bildest.

Beispiele: das Hem**d** – die Hem**d**en
der Hu**t** – die Hü**t**e
die Bur**g** – die Bur**g**en
die Ban**k** – die Bän**k**e

B/b oder P/p?

1 Welcher Fisch schnappt sich welchen Futterbrocken?
Setze **B/b** und **P/p** richtig ein, und male dann jeden Fisch in der Farbe seines Futters an.

B/b

Bad

______

______

______

______

P/p

______

______

______

______

______

2 Schreibe die Wörter in die richtigen Luftblasen.

TIPP:

Sprich die Wörter immer laut und deutlich aus.
Dann kannst du hören, ob du am Wortanfang **B/b** oder **P/p** schreiben musst.

k oder ck?

1 Hier musst du klettern! Setze **k** oder **ck** richtig ein. Male dann alle Wörter mit **ck** braun aus. Auf diesem Pfad kannst du den Gipfel erreichen.

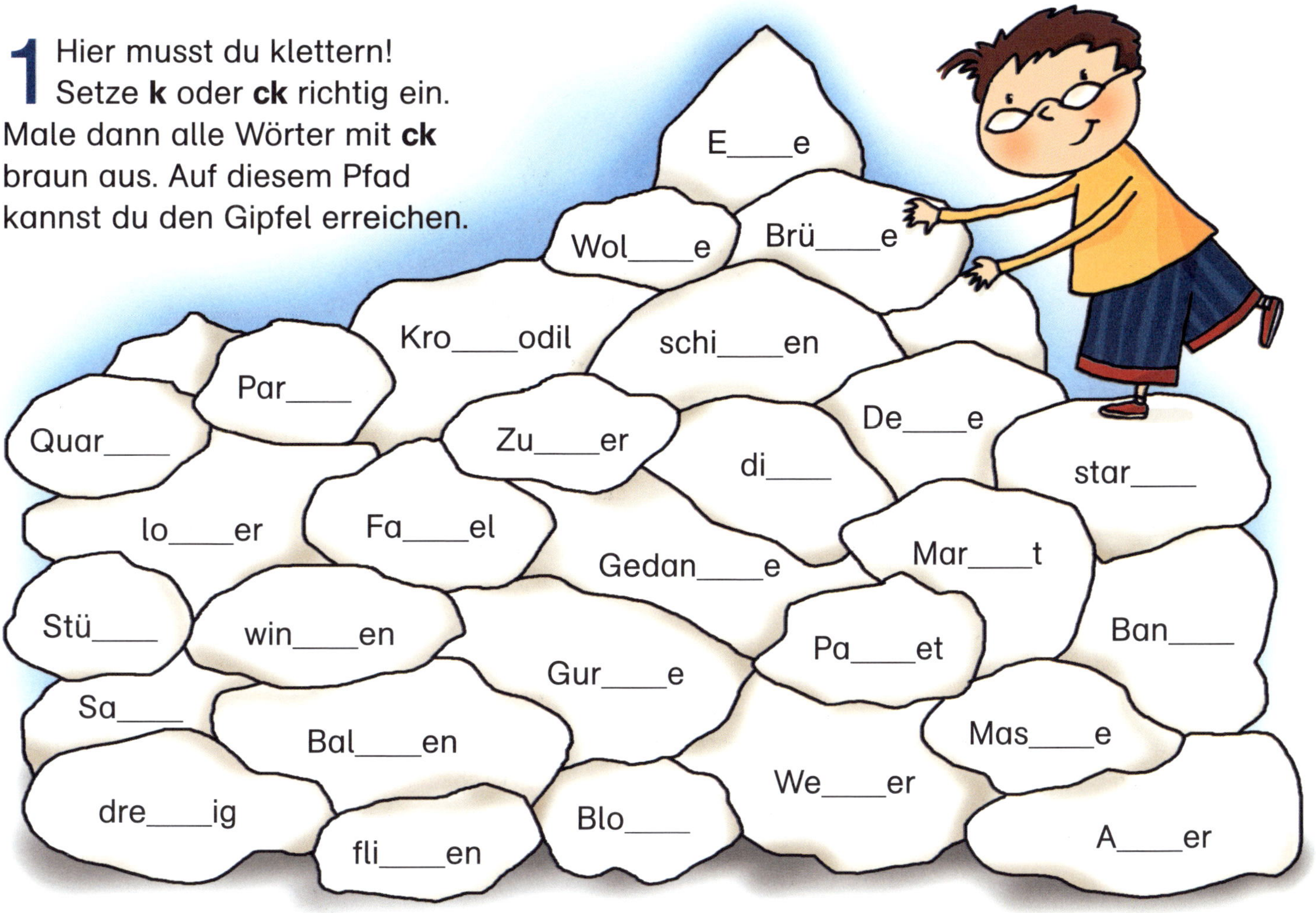

2 Ein Bergrutsch! Schnell müssen die Steine aus dem Weg geräumt werden. Suche alle Steine, deren Silben ein Wort ergeben, und streiche sie durch. Schreibe die Wörter auf die Linien.

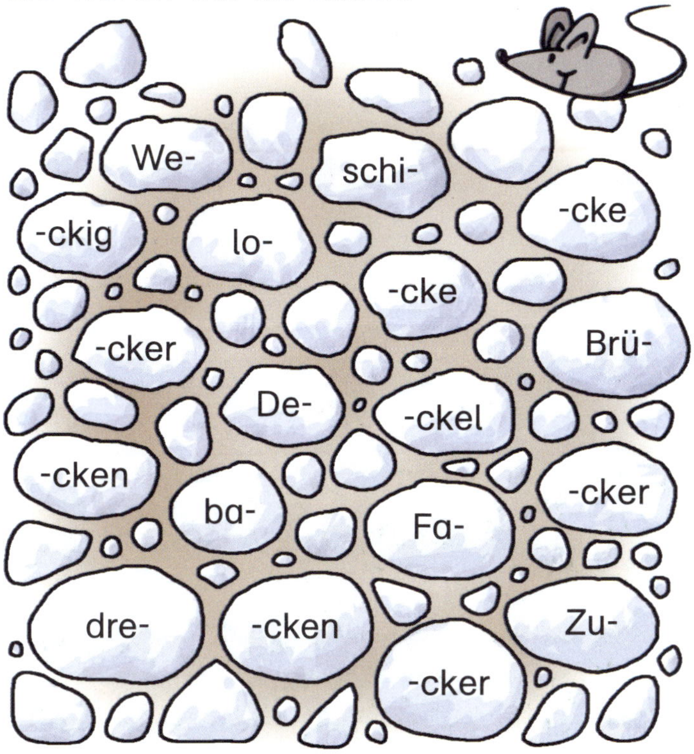

TIPP:

ck oder **k**? Ganz einfach:
Der Selbstlaut vor **ck** klingt immer kurz.
Und noch ein Tipp:
Nach **l, n, r** steht immer **k**!

Wörter mit Pf/pf

1 Hier hat der Sturm einiges durcheinander geblasen! Ordne die Buchstaben der Purzelwörter richtig, und schreibe die Wörter in die Zeilen.

2 Zeichne bei den Wolkenwörtern, die ein **pf** in der Mitte haben, an der richtigen Stelle den Trennungsstrich ein.

TIPP:
Wörter, die ein **pf** im Inlaut haben, werden zwischen **p** und **f** getrennt. Beispiel: im**p**-**f**en

Wörter mit Qu/qu

1 Die Wörterqualle hat alle Wörter mit **Qu/qu** verschluckt.
Suche zu jedem **Qu/qu**-Wort die passende Geheimschrift, und schreibe das Wort daneben.

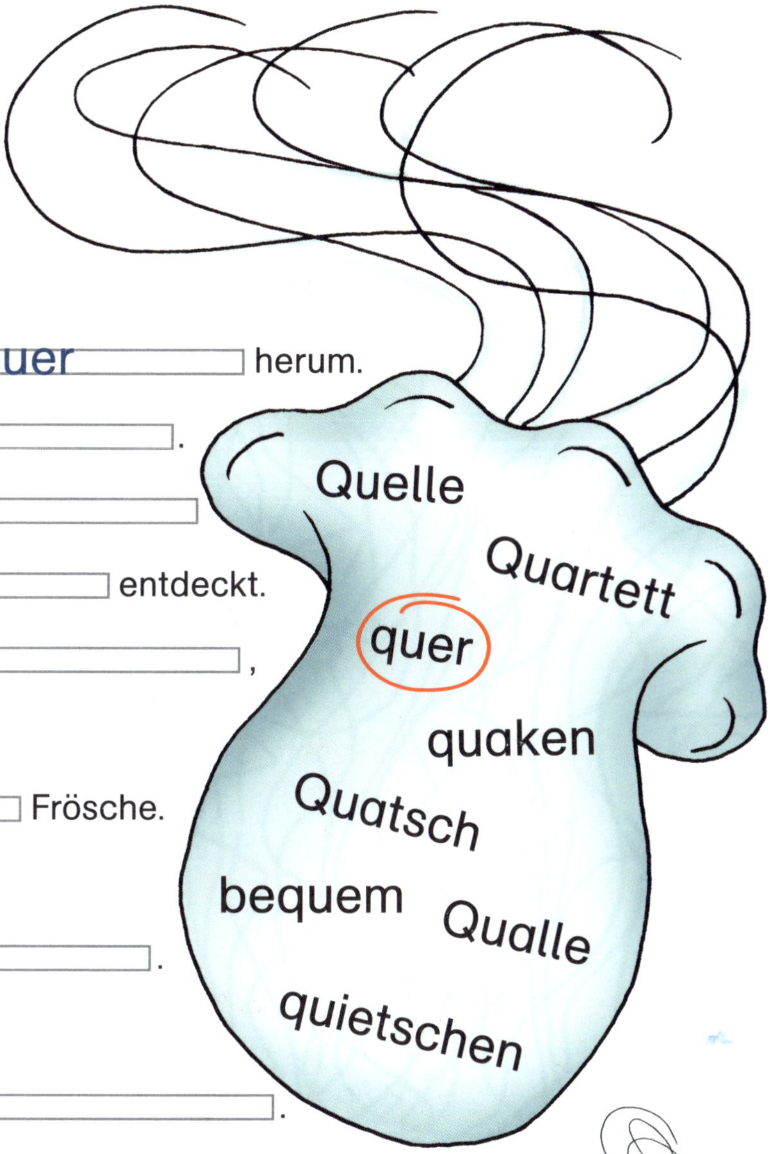

Die Kinder hüpfen kreuz und (♥★r) quer herum.

Sie machen viel (♥atsch) ______.

Martin hat an der (♥★ll★) ______

eine (♥all★) ______ entdeckt.

Susi und Moni (♥i★tsch★n) ______,

als Andi sie mit Wasser voll spritzt.

Plötzlich (♥ak★n) ______ Frösche.

Die Kinder setzen sich ins weiche Gras.

Da ist es sehr (b★♥★m) ______.

Martin hat die Spielkarten dabei.

Alle spielen eine Runde Tier-(♥art★tt) ______.

2 Schreibe die **Qu/qu**-Wörter – nach Wortarten getrennt – in die richtigen Spalten.

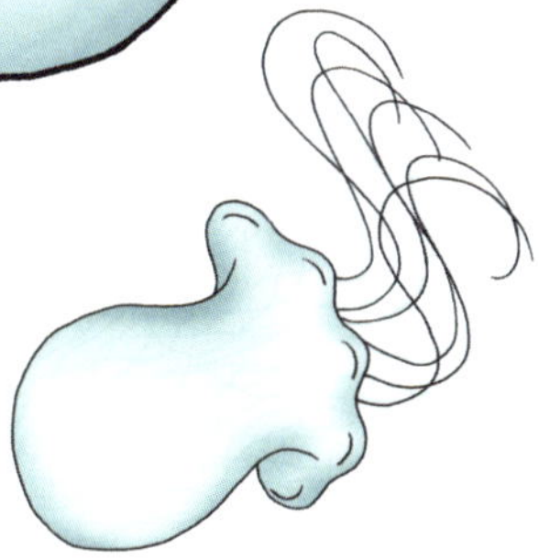

Namenwörter

______

______

______

______

Zeitwörter

______

______

Eigenschaftswort

______

Sonstiges Wort

______

TIPP:
Wenn du **kw** hörst, schreibst du meist **Qu** oder **qu**.

Wörter mit ss und Wörter mit ß

1 Heini sammelt Wörter mit **ss** und Wörter mit **ß**. Leider weiß er nicht mehr genau, wie die Wörter geschrieben werden. Hilf ihm beim Ordnen. Ergänze zuerst die fehlenden Buchstaben, und schreibe die Wörter dann in die richtigen Kästen.

ß

ss

TIPP:

Nach einem kurzen Selbstlaut oder Umlaut schreibst du **ss**. Beispiel: n<u>a</u>**ss**
Nach einem langen Selbstlaut, Umlaut oder Doppellaut schreibst du **ß**.
Beispiele: F<u>u</u>**ß**, sch<u>eu</u>**ß**lich

Wörter mit z und Wörter mit tz

1 Welche Waggons gehören zusammen? Male sie jeweils gleich an, und schreibe dann die Wörter hinter die richtige Lok.

-ze	pflan-	schüt-

-zen	-ze		-ze	-zen	tan-	sit-
-zen	Schmer-	-zel	-zen	Spit-		set-
put-	Pfüt-	-zen	Wur-	-zen	-zen	Kat-

2 Die Wörter auf den Fahrkarten sind noch unvollständig. Ergänze, was fehlt.

Ar__t
se__en
Schmer__
Mü__e
Pfü__e
Spa__
Ka__e
Si__
Schu__
War__e
pu__en
Pflan__e
Wan__e
Spi__e

TIPP:
Nach einem Mitlaut steht immer **z**.
Beispiel: Wu<u>r</u>**z**el
Nach einem kurzen Selbstlaut oder Umlaut steht **tz**. Beispiel: K<u>a</u>**tz**e

Wörter mit Sp/sp und Wörter mit St/st

1 Vorsicht, nicht stolpern! Nicht alles, was sich wie **sch** anhört, wird auch so geschrieben. Räume die sieben falschen Steine aus dem Weg: Streiche durch, was falsch geschrieben ist.

Spitze Schmutz
Spaß
Stuhl schteil Spannung
Schtamm stecken Schtirn schrecklich
Schport Speise schtumpf Schulter
schpät Stab Strom
Schloss Schmerz
spotten Steuer stoßen
schieben
sprechen Strand schtürzen

2 Schreibe nun die sieben falschen Wörter richtig auf diese Steine.

TIPP:

Achtung! Du sprichst **schp** oder **scht**.
Schreiben musst du aber **Sp/sp** oder **St/st**.
Schtein, Schport
Stein, **Sp**ort

Zeitwörter mit der Vorsilbe ver-

1 Mit Kreide haben die Kinder Botschaften auf die Straße geschrieben.
Etwas aber haben sie vergessen. Was fehlt?
Ergänze es. Schreibe noch eine Botschaft dazu.

Ich habe das Einmaleins mit g ___ standen! Endlich!

Moni, ich ___ lange meinen Walkman zurück! Sandra

Ich ___ drücke mich jetzt! Ciao Luigi

Lasst uns von hier ___ schwinden, Leute!

Ich ___ lasse mich auf dich, Florian!!

Tommi, ich ___ haue dich!

Psst, Steffi! Nichts ___ raten! Dein Pit

Warum willst du nicht mehr mein Freund sein? Ich ___ stehe das nicht! Cornelia

Tanja, ___ tragen wir uns wieder? Deine Ina

Serdar, ich bin in dich ___ liebt! Holger

2 Mit der Vorsilbe **ver-** und einem Zeitwort kannst du ein neues Zeitwort bilden. Probiere es aus, und schreibe die Wörter in die Zeilen.

schreiben ______

legen ______

blühen ______

stehen ______

tragen ______

sinken ______

TIPP:
Die Vorsilbe **ver-** verändert den Sinn von Zeitwörtern.
Beispiel: stehen – **ver**stehen

Wörter mit lang klingendem i

1 Die Bienen sammeln Dinge mit **ie** und verstecken sie in ihren Waben. Entdeckst du alle **ie**-Wörter? Male sie honiggelb aus. Schreibe die Wörter richtig auf.

S B I E N E K R O N E S T I E F E L U P
O Z W I E B E L U H R Z I E L S C H E I
K O P S P I E G E L T A S S E O R T E
A B O V I E R U L K T R I E S E A R M
W E R W I E S E S O F L I E G E A U
A L T P A P I E R K O R B W I E G E
N U L L B R I E F G A R S I E B E N

2 Schreibe die Wörter von unten in die richtige Reihe.
Unterstreiche jeweils die Buchstaben, die für das lange **i** stehen.

ie	i	ieh	ih

verbieten ihn Tiger ziehen wieder ihnen Fliege wiehern ihre Igel Kino Kies Lied Biber ihm

TIPP:
Wenn du in einem Wort ein langes **i** hörst, kann das Wort mit **ie** geschrieben werden.
Beispiel: W**ie**se
Das ist aber nicht immer so.
Es gibt vier verschiedene Möglichkeiten, ein langes **i** zu schreiben.

1 Wie heißen die Blumenwörter? Setze die Buchstabenfolgen richtig zusammen, und schreibe die Wörter in die Zeilen.

Nachsilben -ig und -lich

1 Der Zauberer Zylindrix verwandelt Namenwörter in Eigenschaftswörter. Du kannst das auch! Alles, was du brauchst, sind die Nachsilben **-ig** und **-lich**. Verzaubere die Namenwörter aus dem Zylinder, und schreibe **nur** die Eigenschaftswörter – nach ihren Nachsilben geordnet – auf. Denke daran: Eigenschaftswörter werden kleingeschrieben.

vorsichtig

TIPP:

Mit den Nachsilben **-ig** und **-lich** kannst du Namenwörter in Eigenschaftswörter verwandeln. Eigenschaftswörter werden kleingeschrieben.

Beispiele: (der) Witz – witz**ig**
(das) Glück – glück**lich**

Manchmal verändert sich das Wort noch:

Beispiel: Angst – <u>ä</u>ngst**lich**

Silbentrennung

1 Immer, wenn die stumme Königin hungrig ist, klingelt sie mit ihrem Glöckchen. Der Koch weiß dann, was sie möchte.
Hilf dem Koch, den Speiseplan auszufüllen. Schreibe die Wörter – in Silben getrennt – in die richtige Spalte.

Wurst, Käse,
Tomate, Salat, Blumenkohl,
Suppe, Fisch, Honigkuchen,
Gurkensalat, Nudelauflauf, Kartoffeln,
~~Kaffee~~, Früchtetee, Schokolade,
Ananas, Eisbecher,
Brot, Pizza

1 Silbe	2 Silben	3 Silben	4 Silben
	Kaf-fee		

2 Findest du noch weitere Gerichte, die der Koch in die Liste schreiben könnte? Trage sie in den Speiseplan ein.

TIPP:
Wörter werden nach Silben getrennt.
Sprich die Wörter deutlich. Wie oft kannst du klatschen? Beispiel: To-ma-te
Du kannst dreimal klatschen.
Das Wort Tomate hat drei Silben.

Namenwörter

1 In dieser Geschichte stehen die Bilder für Namenwörter.
Schreibe die passenden Namenwörter in die Zeilen.

Im Schlaraffenland wachsen die leckersten Speisen an den  ________. Gebratene  ________, fette  ________ und  ________ kann man pflücken wie  ________ und  ________. Im Gras wachsen nicht nur  ________, sondern auch viele Schleckereien wie  ________,  ________ und  ________. In den Bächen fließen köstliche Getränke aller Art:  ________,  ________ und  ________. Die  ________ im Schlaraffenland liegen meist den ganzen Tag auf der  ________. Am Rande des Schlaraffenlandes befindet sich ein hoher  ________ aus Grießbrei. Die  ________ im Schlaraffenland sind nicht aus  ________ gebaut, sondern aus knusprigem  ________ und aus  ________. Aber bald schon gefällt es den Menschen nicht mehr im Schlaraffenland. Viele langweilen sich sehr. Die  ________ würden gerne herumspringen und mit dem  ________ spielen. Einige  ________ möchten  ________ spielen und singen und tanzen. Andere würden gerne mit  ________ und  ________ einen  ________ oder 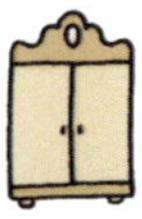 ________ bauen. Aber sie alle sind müde und faul vom vielen Essen und Trinken. Eines Tages beschließen die Menschen, das Schlaraffenland zu verlassen. Seitdem hat keiner mehr das  ________ zu diesem Land gefunden.

TIPP:
Namenwörter sind die Namen für Menschen, Tiere, Pflanzen, Dinge. Namenwörter werden immer großgeschrieben.

Namenwörter haben Begleiter

1 Florian hat aufgeschrieben, was er am Wochenende erlebt hat. Wie dumm, dass ihm die Tinte über das Schreibblatt gekleckst ist! Jetzt fehlen alle Begleiter. Schreibe zu jedem Namenwort den passenden Begleiter auf. Streiche in dem kleinen Zelt unten jeden Begleiter durch, den du verwendet hast.

Am letzten Wochenende war ich mit meinen Freunden in ___ Zeltlager. Wir errichteten unser Zelt am Rande ___ Waldes auf ___ Wiese. Als es dunkel geworden war, schlüpften Matze, Toni und ich in ___ Schlafsäcke und machten ___ Zelt zu. Lange konnte ich nicht einschlafen und horchte auf ___ Geräusche in ___ Nacht. Ich hörte ___ Freunde ruhig atmen, und irgendwann schlief auch ich ein. Plötzlich erwachte ich von ___ seltsamen Kratzen. Schlapp, schlapp, so machte es an ___ Zeltwand. Ich war starr vor Schreck! „Wacht auf, da ist ___ Gespenst!", flüsterte ich ___ Freunden zu. Vorsichtig und ängstlich öffneten wir ___ Zeltluke und schauten hinaus. Da mussten wir lachen! ___ Kuh stand vor ___ Zelt und schleckte mit ihrer langen Zunge ___ Tau von ___ Zeltwand. Sie schaute uns mit großen Augen an, machte ___ Satz und lief auf ___ Wiese zurück. Erleichtert kuschelten wir uns in ___ Schlafsäcke und schliefen wieder ein, bis uns ___ Sonne auf ___ Nase kitzelte.

TIPP:

Namenwörter haben bestimmte Begleiter: der, die, das.
Namenwörter haben unbestimmte Begleiter: ein, eine, ein.
Die Begleiter verändern sich in den vier Fällen.
Namenwörter werden immer groß-, und Begleiter werden immer kleingeschrieben. Nur am Satzanfang musst du auch die Begleiter großschreiben.

Großschreibung von Namenwörtern

1 In der Geschichte über den Sommer gibt es viele Namenwörter.
Kreise alle Namenwörter ein. Schreibe sie dann mit dem jeweils richtigen bestimmten Begleiter in die Zeilen.

DER SOMMER

IM SOMMER FEIERT DIE NATUR EIN FEST. DIE GETREIDEFELDER WIEGEN SICH SANFT IM WIND. AUF DEN WIESEN UND IN DEN GÄRTEN BLÜHEN VIELE BLUMEN: KORNBLUMEN SO BLAU WIE DER HIMMEL, MOHN SO ROT WIE DIE UNTERGEHENDE SONNE UND BUTTERBLUMEN SO GELB WIE DER VOLLMOND. AN DEN BÄUMEN REIFEN DIE FRÜCHTE: ES GIBT DUNKELROTE KIRSCHEN UND GRÜNE ÄPFEL. DIE KINDER PFLÜCKEN BEEREN VON DEN STRÄUCHERN UND ESSEN SICH SATT: DA GIBT ES SÜSSE HIMBEEREN, WÜRZIGE BROMBEEREN, KNACKIGE STACHELBEEREN UND SAURE JOHANNISBEEREN. ZWEI FÜCHSE SPIELEN AM WALDRAND. DER GESANG DER VÖGEL HALLT ÜBER DEN BÄUMEN. ES IST SCHÖN, DRAUSSEN ZU SEIN UND ZU LAUSCHEN.

TIPP:
Namenwörter werden immer großgeschrieben.
Denke daran, dass Namenwörter Begleiter haben.

Namenwörter für Gefühle, Gedanken, Vorstellungen

1 Suche dir zehn Namenwörter heraus, die etwas nennen, das du nicht anfassen kannst. Unterstreiche die Wörter, und schreibe sie mit Begleiter in die Zeilen.

Arbeit, Acker, Aufgabe, Bauch, Bett, Bewegung, Brücke, Draht, Dieb, Ehe, Eltern, Fabrik, Ferien, Fleisch, Fluss, Frau, Frieden, Garten, Gedanke, Gemüse, Gipfel, Hals, Haufen, Hexe, Hotel, Kampf, Käfig, Kette, Kreuz, Krieg, Kugel, Löffel, Lüge, Mädchen, Meer, Minute, Nachbar, Natur, Nummer, Onkel, Pause, Pflanze, Post, Prüfung, Raum, Ruder, Salat, Schluss, Schmutz, Schwester, Spannung, Spitze, Stab, Stein, Sorge, Tafel, Telefon, Tod, Träne, Tüte, Unterricht, Verletzung, Wärme, Wäsche, Winter, Wurst, Zahl, Zeitung, Ziel, Zucker

2 Die Gesichter drücken verschiedene Stimmungen aus. Schreibe unter jedes Gesicht ein passendes Namenwort.

Freude, Langeweile, Angst, Wut, Ärger, Trauer, Frust, Sorge, Erstaunen

Male selbst Gesichter, die zu den folgenden Namenwörtern passen:

Spaß Schmerz Wut

TIPP:

Es gibt Namenwörter für das, was du fühlst, denkst oder dir vorstellst. Natürlich werden diese Namenwörter großgeschrieben. Und du kannst einen Begleiter vor sie setzen. Beispiel: der Ärger, die Freude, das Glück

Zusammengesetzte Namenwörter

1 Die Wörter zu zwei Bildern kannst du jeweils zu einem neuen Namenwort zusammensetzen. Verbinde die beiden Bilder mit einer Linie, und schreibe das zusammengesetzte Namenwort auf.

Haustür

2 So viele Bürsten! Zu jedem Bild und jeder Umschreibung passt ein zusammengesetztes Namenwort. Schreibe es auf.

Bürste zum Putzen der Schuhe

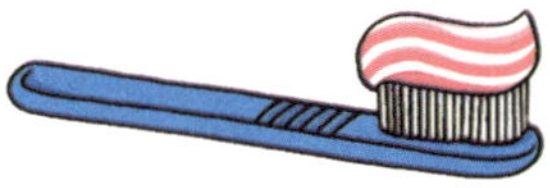

Bürste zum Putzen der Zähne

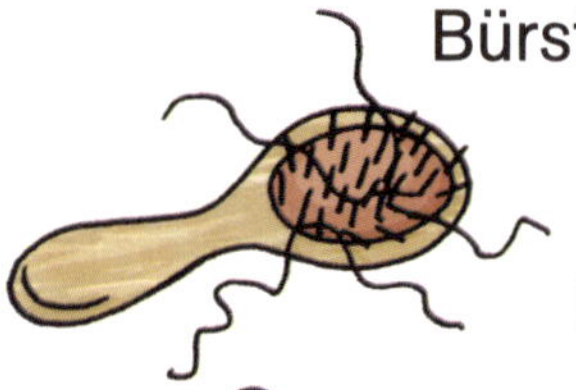

Bürste für die Haare

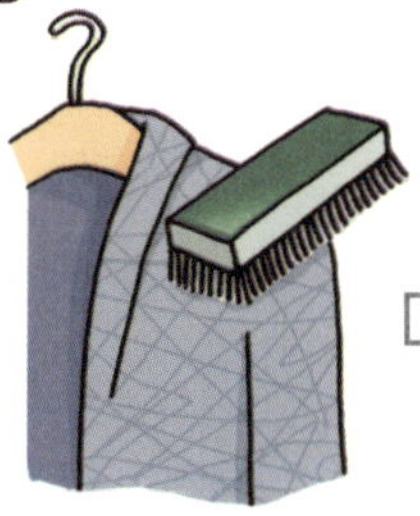

Bürste für Kleider

TIPP:

Zwei Namenwörter kannst du zu einem neuen Namenwort zusammensetzen. Manchmal verändert sich eins der beiden Wörter dabei ein bisschen.
Beispiel: Sonne + Blume = Sonnen**blume**
Mit zusammengesetzten Namenwörtern kannst du genauer beschreiben und dich genauer ausdrücken.
Beispiel: Eine Zahnbürste ist ein Bürste für die Zähne.

Zusammengesetzte Eigenschaftswörter

1 Schreibe neben jedes Bild das richtige Namenwort. Setze dann jedes Namenwort mit einem passenden Eigenschaftswort aus der Wörterkiste zusammen. Schreibe alle zehn zusammengesetzten Eigenschaftswörter in die Zeilen.

federleicht

2 Setze immer zwei Eigenschaftswörter zusammen. Male sie jeweils in der gleichen Farbe an.

TIPP:

Aus einem Namenwort und einem Eigenschaftswort kannst du ein zusammengesetztes Eigenschaftswort bilden. Mit einem zusammengesetzten Eigenschaftswort kannst du dich treffend und kurz ausdrücken.
Beispiel: Spiegel + glatt = spiegelglatt
Wenn etwas spiegelglatt ist,
dann ist es glatt wie ein Spiegel.
Ein zusammengesetztes Eigenschaftswort kann auch mit zwei Eigenschaftswörtern gebildet werden.
Beispiel: bitter + süß = bittersüß
Achtung: Manchmal verändert sich der erste Bestandteil ein wenig.
Beispiel: Bär + stark = bär**en**stark
Das zusammengesetzte Eigenschaftswort wird immer kleingeschrieben.

1 Tommi und Verena sind traurig. Ihr Hund Hektor ist verschwunden. Die Kinder wollen in der Zeitung eine Suchanzeige aufgeben. Mit welchen Eigenschaftswörtern können Tommi und Verena ihren Hektor beschreiben? Setze die Wörter richtig ein. Die Geheimschrift hilft dir weiter. Wähle aus! Aber, Achtung: Nur 15 Wörter passen. Denke auch daran, dass Eigenschaftswörter ihre Form verändern können.

Wer hat unseren Hund Hektor gesehen?

Wir vermissen ihn seit einer Woche.
So sieht Hektor aus:

Hektor ist ______.
Sein Fell ist ______, ______ und ______.
Auf der Stirn hat er einen ______, ______ Punkt.
Hektor hat einen ______ Schwanz.
Das Fell an der Schwanzspitze ist ein bisschen ______.
Die Ohren sind ______. Ein Ohr ist etwas ______.
Hektor trägt ein ______ Halsband aus Leder.
Darauf steht mit ______ Buchstaben sein Name.
Außerdem hat er um den Hals ein ______ Tuch mit ______ Streifen.
Wer uns Hektor zurückbringt, bekommt eine ______ Belohnung!

Bitte melden bei Familie Berger in der Hochstraße 55, Telefon: 87 23.

klein
schwarz
kurz
glatt
weiß
weißen
rund
runden
lang
langen
struppig
spitz
abgeknickt
rot
rotes
silbern
silbernen
grün
grünes
gelb
gelben
großzügig
großzügige

2 Vergleiche die Hunde auf den Bildern mit der Beschreibung der Kinder. Welcher Hund ist Hektor? Kreuze an.

TIPP:
Eigenschaftswörter drücken aus, wie Menschen, Tiere, Pflanzen, Dinge sind. Eigenschaftswörter werden kleingeschrieben.

Steigerung von Eigenschaftswörtern

1 Hektor war mit Mopsi und Lulu unterwegs. Als die drei von ihrem Ausflug zurück sind, geben sie mächtig an vor den anderen Hunden. Unterstreiche alle Eigenschaftswörter in der Grundform in Blau, alle Eigenschaftswörter in der Höherstufe in Rot und alle Eigenschaftswörter in der Höchststufe in Grün.

2 Welcher Hund bekommt welchen Knochen? Schreibe die Wörter in die jeweils richtige Spalte.

- steil
- billig
- spät
- brav
- fett
- am brävsten
- dick
- fleißig
- billiger
- am fleißigsten
- sauberer
- fröhlich
- fleißiger
- am dicksten
- lustig
- bräver
- fröhlicher
- fetter
- steiler
- am fettesten
- lustiger
- am saubersten
- am lustigsten
- dicker
- sauber
- später
- am steilsten
- am spätesten
- am billigsten
- am fröhlichsten

TIPP:

Eigenschaftswörter kannst du steigern.
Es gibt zwei Vergleichsstufen.
Bei der Höherstufe hängst du an das Eigenschaftswort in der Grundform die Endung **-er** an und verwendest das Wörtchen **als** zur Steigerung.
Beispiel: weich – weich**er** als

Bei der Höchststufe hängst du an das Eigenschaftswort in der Grundform die Endung **-sten** an und verwendest das Wörtchen **am** zur Steigerung.
Beispiel: weich – am weich**sten**

Fürwörter

1 Andreas findet am Strand eine geheimnisvolle Flasche. In der Flasche steckt ein Zettel. Leider hat das Salz des Meerwassers den Brief an einigen Stellen unleserlich gemacht.

Setze du die richtigen Fürwörter ein.

2 Andreas schreibt Robinson eine Antwort-Flaschenpost. Setze die fehlenden Fürwörter ein.

ich • ich • ich • ich • ich • ich • du • du • du • sie • dir • dir • wir • mir • es • dich • dich • ihn

Lieber Finder!

Wenn _____ diese Flaschenpost findest, lebe _____ hoffentlich noch! _____ bin auf einer einsamen Insel mitten im Meer gestrandet. _____ liegt ungefähr 1000 Meilen vor der Küste Englands. Die anderen Seeleute sind alle ertrunken. Für _____ kommt jede Rettung zu spät. _____ sind mit unserem Schiff in einen schrecklichen Sturm geraten. _____ hat _____ zum Kentern gebracht. _____ konnte mich als Einziger auf diese Insel retten. Nur ein Papagei leistet _____ hier Gesellschaft. _____ habe _____ Joi genannt. Bitte, lieber Finder, schicke _____ Hilfe. _____ werde _____ ewig dankbar sein.
_____ grüße _____ ganz herzlich!

Dein Robinson

Lieber Robinson,

_____ heiße Andreas. Heute Morgen habe _____ deine Flaschenpost gefunden. _____ kannst mir glauben, dass _____ sehr erstaunt war. Sofort haben meine Freunde und _____ die Leute von der Küstenwache informiert. _____ werden sicher bald bei _____ auf der Insel eintreffen. _____ hoffen sehr, dass _____ die Zeit bis zu deiner Rettung noch gut überstehst. _____ ist sicher schrecklich, so lange allein zu sein. _____ kann _____ das gar nicht vorstellen! _____ bin sehr gespannt darauf, _____ bald zu treffen, und wünsche _____ bis dahin alles Gute. Viele Grüße an _____ und den Papagei Joi.
Ob _____ _____ wohl mitnehmen kannst?

Tschüss, dein Andreas

dich • wir • ich • ich • es • ich • er • dir • ich • mir • du • ich • ich • sie • sie • ihn • mir

TIPP:

Persönliche Fürwörter stehen für Namenwörter, d. h. sie können Namenwörter ersetzen.
In der Einzahl heißen die Fürwörter ich, du, er, sie, es.
In der Mehrzahl heißen die Fürwörter wir, ihr, sie.
In den vier Fällen verändern Fürwörter ihre Formen.
Beispiele:
mir, mich, dir, dich, ihm, ihn, uns, euch, ihr ...

1 Du kannst die folgende Geschichte besser erzählen. Setze für die unterstrichenen Wörter Fürwörter ein, und schreibe die Geschichte in die Zeilen. Du erinnerst dich: Die Fürwörter heißen ich, du, er, sie, es, wir, ihr, sie.

Ein Tag am Strand

Andreas verbringt seine Ferien an der Nordsee. Jeden Tag geht Andreas viele Stunden am Strand spazieren. Dort sucht Andreas Muscheln, Krebse und sonstige interessante Dinge. Andreas hat auch schon Freunde gefunden. Andreas trifft seine Freunde jeden Tag an der Holzbrücke. Dann rennen und spielen Andreas und seine Freunde im Sand. Später holt Andreas seine Muschelsammlung. Die Muschelsammlung besteht schon aus vielen schönen Muscheln.

2 Setze die fehlenden Fürwörter ein. Du findest sie in den Muschelumrissen.

euch — sie — du — ihr — ihr — ihr — wir — ich — du

Am Abend unterhält sich Andreas mit seiner Familie über den vergangenen Tag.

Mutter: „Wo warst _____ denn heute?"

Andreas: „_____ habe mich wieder mit meinen Freunden getroffen. _____ haben den ganzen Tag am Strand gespielt."

Vater: „Was habt _____ denn gemacht? Habt _____ etwa auch geangelt?"

Viola: „Wahrscheinlich haben _____ alte Schuhe geangelt!"

Andreas: „Typisch große Schwester! _____ hast ja keine Ahnung, was man am Strand alles finden kann."

Viola: „Kann ich mir vorstellen! Ich vermute mal, _____ habt Gold, Silber und Edelsteine gefunden!"

Vater: „Vertragt _____ ! Die Hauptsache ist, dass jeder einen schönen Tag verlebt hat."

Zeitwörter in der Gegenwart

1 Martin erzählt von der Schule.
Unterstreiche in seiner Geschichte alle Zeitwörter in der Gegenwart mit einem roten Stift.

Ich gehe in die dritte Klasse. Wir sind 28 Schüler. Mit meinen Freunden sitze ich an einem Gruppentisch. Manchmal dürfen wir am Computer Mathe-Spiele machen. Besonders gut gefällt mir der Englischunterricht: Da singen wir englische Lieder. Unsere Lehrerin ist nett, aber auch streng. Wenn wir die Hausaufgabe vergessen, bekommen wir einen Punkt. Bei fünf Punkten gibt es dann eine Zusatzaufgabe. Am liebsten mag ich Sport und Mathematik. Ich kann schon gut über den Bock springen. Heute besorgen wir alles für unser gesundes Klassen-Frühstück. In der Pause spiele ich mit meinen Freunden. Ich gehe gerne in die Schule, aber die Hausaufgaben gefallen mir nicht so gut.

2 Immer zwei Silben kannst du zu einem Zeitwort in der Grundform zusammensetzen. Schreibe die Grundformen der Zeitwörter auf. Bilde dann in Verbindung mit dem Fürwort **ich** die passende Gegenwartsform, und schreibe sie daneben.

-len -ren ma- -ßen
fah- pfle- -gen
ho- ~~le-~~ -len
lü- grü- schie-
keu- -chen
-ben -gen ~~-sen~~

lesen – ich lese

TIPP:
Zeitwörter sagen, wann etwas geschieht.
Es gibt verschiedene Zeitstufen.
In der Zeitstufe Gegenwart erzählst du, was gerade geschieht.
Beispiel: Ich **spiele** Tischtennis.

Zeitwörter in der Vergangenheit

1 Großvater hat aufgeschrieben, wie es war, als er vor vielen, vielen Jahren die Schule besuchte. Lies dir seine Erinnerungen durch, und unterstreiche alle Zeitwörter in der Vergangenheit mit Blau.

Als ich so alt war wie du, besuchte ich auch die Schule. Es war eine kleine Dorfschule. Da gab es nur ein einziges Klassenzimmer. Im oberen Stock des Schulgebäudes wohnte der Lehrer. Im Winter stand er schon früh auf, um den Ofen im Klassenzimmer anzuschüren. Wir waren etwa 40 Kinder aus verschiedenen Klassen. Der Lehrer war sehr streng. Man durfte nicht reden, außer wenn der Lehrer einen etwas fragte. Er benutzte sogar einen kleinen Stock – wenn die Schüler nicht gehorchten, bekamen sie damit Hiebe. Wir schrieben nicht mit Füller und Bleistift, sondern mit einem Griffel auf einer kleinen Tafel. Manchmal schrieben wir auch mit Feder und Tinte in ein Heft. Der Lehrer schimpfte immer sehr, wenn wir Kleckse machten. Die Kinder früher lernten viel auswendig: Gedichte, Gebete und Liederverse. Wenn wir unsere Hausaufgaben nicht machten, mussten wir zum Nachsitzen. Auch am Samstag gab es Unterricht, und am Sonntag gingen alle in die Kirche. In einem Winter schneite es so viel, dass für ein paar Tage schulfrei war. Da freuten sich alle Kinder und spielten mit ihren Freunden im Schnee.

2 Hier sind die Zeitwörter der Zeitstufen Gegenwart und Vergangenheit durcheinander gepurzelt. Ordne die Wörter in die jeweils richtige Spalte ein.

• ich sitze • wir machten • es schneite •
• wir vergessen • er fragte • ich gehe •
• wir freuten uns • wir bekommen •
• wir mussten • wir schrieben • ich mag •
• sie gehorchten • sie gingen • wir sind •
• sie springen • wir singen •

Gegenwart	Vergangenheit

TIPP:

Du schreibst in der 1. Vergangenheit, wenn etwas länger vorbei ist.
Beispiel: Ich **spielte** Tischtennis. (beispielsweise im letzten Jahr)
Du schreibst in der 2.Vergangenheit, wenn etwas gerade vorbei ist.
Beispiel: Ich **habe** Tischtennis **gespielt**. (beispielweise heute Nachmittag)
Bei der 1. Vergangenheit verwendest du eine einteilige Satzaussage (spielte), bei der 2. Vergangenheit verwendest du eine zweiteilige Satzaussage (habe ... gespielt).

Zeitwörter in Gegenwart und Vergangenheit

1 Jedes Zeitwort in der Gegenwart sucht seinen Partner aus der Vergangenheit. Male die Partner jeweils gleich an.

beißt | pfiff | kocht | mixte | pfeift | reißt | stahl | schweigt | drückt | beginnt | schloss | spricht | gewinnt | drückte | mixt | kochte | sprach | schwieg | gewann | biegt | lügt | biss | singt | log | schiebt | riss | sang | begann | schob | stiehlt | schließt | bog

2 Schreibe die Wörter in die Zeilen. Unterstreiche dann alle Zeitwörter in der Gegenwart rot und alle Zeitwörter in der Vergangenheit blau.

beginnt – begann

TIPP:
Die Formen eines Zeitwortes ändern sich, wenn du in verschiedenen Zeiten erzählst.
Beispiel: schreiben
Gegenwart: ich schreibe
1. Vergangenheit: ich schrieb
2. Vergangenheit: ich habe geschrieben

Zahlwörter

1 Findest du alle bestimmten Zahlwörter im Geister-Einmaleins? Unterstreiche sie mit „Geistergrün“.

Einmal zwei ist drei.
Kommt ein Geist vorbei.
Vier mal fünf – huhu,
mach die Augen zu!
Rasselt dann die Kette,
hast du auch schon sette*.
Neun und vorher acht:
Gleich schlägt's Mitternacht.
Vergiss bloß nicht die Sechs,
sonst holt dich die Hex.
Jetzt hast du voll die Zehn
und sagst „Auf Wiedersehn“.

*sette (italienisch) bedeutet sieben!

2 Welches der unbestimmten Zahlwörter passt jeweils? Ordne die Wörter richtig zu, und schreibe sie auf.

Am Strand gibt es ______ Sandkörner.

Nach dem Sturm hängen nur noch ______ Äpfel am Apfelbaum.

Die Milchstraße hat ______ Sterne.

In ______ Tagen sind schon Ferien.

Sandra hat so ______ Spielsachen, dass sie sie gar nicht mehr zählen kann.

Es gibt ______ Möglichkeiten zu verreisen: mit dem Zug, mit dem Auto, mit dem Flugzeug.

zigtausende · unzählige · ein paar · wenigen · viele · mehrere

TIPP:
Zahlwörter geben eine Anzahl an.
Bestimmte Zahlwörter nennen die genaue Anzahl.
Beispiel: **drei** Äpfel
Unbestimmte Zahlwörter nennen eine ungenaue Anzahl oder Menge.
Beispiel: **einige** Birnen

Satzarten: Erzählsätze und Fragesätze

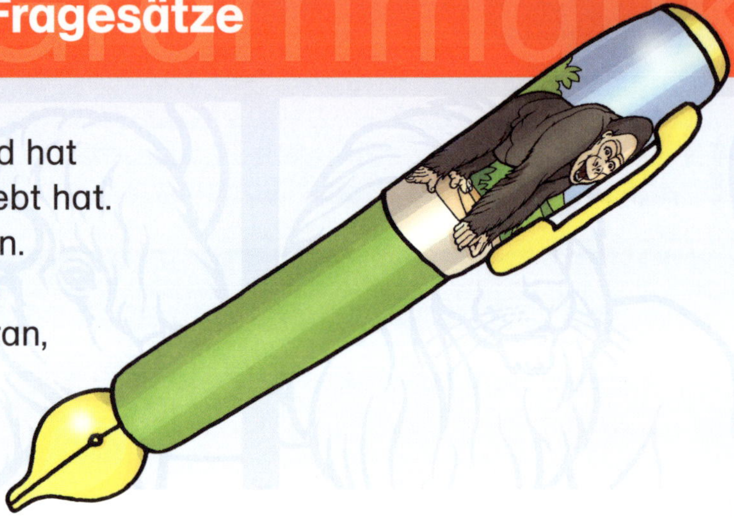

1 Nicole war mit ihrer Klasse im Zoo und hat aufgeschrieben, was sie dort alles erlebt hat. Doch fehlen in ihrem Text alle Satzzeichen. Schreibe den Text auf ein Blatt, und trage die fehlenden Satzzeichen ein. Denke daran, dass das erste Wort im Satz immer großgeschrieben wird.

Gestern machte unsere Klasse einen Ausflug in den Zoo das war sehr schön wir beobachteten viele Tiere besonders gut hat mir das junge Panzernashorn gefallen es flitzte im Gehege hin und her und schubste immer wieder seine Mutter an im Tropenhaus war es ganz warm die Faultiere habe ich nicht gleich gesehen sie hingen völlig unbeweglich in den Ästen und schliefen am allerschönsten war es im Streichelgehege die jungen Ziegen ließen sich füttern ich habe sogar den kleinen Emu am Hals gestreichelt

hat das Kamel Höcker? (als Fettreserve)

kann der Vogel Strauß sehr gut? (rennen)

darf man nicht so nahe an das Lama-Gehege herangehen? (Weil Lamas spucken.)

werden die Panda-Bären gefüttert? (mit Bambus)

leben die Pinguine normalerweise? (am Südpol)

ist das? Groß; sehr stark; hat Angst vor Mäusen. (Elefant)

2 Leon hat sich Fragen zu den einzelnen Tieren überlegt. Welche Fragewörter fehlen noch? Setze sie an die richtige Stelle.

Wo? Wer? Was? Warum? Womit? Wozu?

TIPP:

Wenn du etwas berichten oder erzählen willst, verwendest du **Erzählsätze**.
Ein Erzählsatz endet mit einem **Punkt**.
Beispiel: Heute scheint die Sonne**.**
Wenn du etwas fragen oder wissen möchtest, verwendest du **Fragesätze**.
Ein Fragesatz endet mit einem **Fragezeichen**.
Beispiel: Scheint heute die Sonne**?**
Viele Fragesätze werden von einem Fragewort eingeleitet.
Beispiel: **Wann** kommst du?

Satzarten: Aufforderungssätze und Ausrufesätze

1 Nikita und Jessica dürfen bei der Tierfütterung helfen. Der Tierpfleger sagt den Kindern genau, was sie tun sollen. Setze die Ausrufezeichen ein. Unterstreiche die drei Sätze, mit denen der Tierpfleger die Kinder um etwas bittet.

Zählt mal für jeden Affen drei Bananen ab

Seid bitte ganz leise

Streiche sanft über das Fell des Ponys

Nimm dir doch eine Möhre

Halte sie dem Kamel vorsichtig hin

Gib mir bitte mal die Tüte mit Brot

Fasst den Pfau bitte nicht an

Geh lieber einen Schritt zurück

2 Am Abend erzählen Nikita und Jessica ihrer Oma, was sie im Zoo alles tun durften. Verbinde Omas Ausrufe mit den passenden Bildern.

Den hätte ich gerne gesehen!

Das ist ja toll!

Wie niedlich!

Oh, wie gefährlich!

O weh!

TIPP:
Wenn du jemanden zu etwas auffordern oder um etwas bitten willst, verwendest du Aufforderungssätze. Ein **Aufforderungssatz** endet mit einem **Ausrufezeichen**.
Beispiel: Nimm dir doch ein Plätzchen**!**
Wenn du dich über etwas freust, ärgerst, erstaunt bist oder traurig bist, verwendest du **Ausrufesätze**.
Sie enden mit einem **Ausrufezeichen**.
Beispiel: Die Plätzchen sind lecker**!**

1 Die Zirkustiere können sich jedes Mal so umstellen, dass ein neuer Aussagesatz entsteht. Ergänze die Karten richtig. Schreibe dann die Sätze auf ein Blatt. Denke daran, dass das Wort am Satzanfang großgeschrieben wird. Am Satzende steht ein Punkt.

2 Stelle in diesen beiden Sätzen die Satzglieder um, und schreibe die umgestellten Sätze auf.
Kreise dann alle Satzglieder ein.

Der Löwe springt durch den Reifen.

Der Seehund balanciert einen Ball auf der Nase.

TIPP:

Ein Satz hat mehrere **Satzglieder**.
Satzglieder kann man umstellen. Durch die Umstellprobe kannst du herausfinden, welche Wörter oder Wortgruppen jeweils ein Satzglied bilden. Ein Satzglied kann aus einem Wort bestehen.
Es kann aber auch mehrere Wörter haben.

Satzglieder

1 Jessica war mit ihrer Klasse im Erlebnispark. Vor lauter Begeisterung bringt Jessica beim Erzählen alles ein wenig durcheinander. Hilf ihr, und ordne die Wörter zu sinnvollen Sätzen. Schreibe die Sätze auf ein Blatt.

- meine Freunde und ich fuhren ganz oft mit der Achterbahn
- Ziegen und Murmeltiere streichelten im Kleintierzoo wir
- kauften Losbude Lose an der wir
- Monika den Hauptgewinn zog
- war es großer Teddybär ein
- gefiel mir am besten Ponyreiten das

2 Wie oft kann man einen Satz umstellen, ohne dass er den Sinn verliert? Stelle den folgenden Satz mehrmals um, und schreibe deine Sätze in die Zeilen. Kreise in jedem Satz die Satzglieder ein.

Tobias fährt mit seinem Freund Achmet in der Geisterbahn.

TIPP:

Sätze bestehen aus Satzgliedern. Bei der Umstellprobe stellst du die Satzglieder eines Satzes um und bekommst so neue sinnvolle Sätze. Dabei kannst du sogar einen Erzählsatz in einen Fragesatz verwandeln.
Beispiel:

- **Jessica beobachtet mit ihrer Freundin einen bunten Schmetterling.**
- **Einen bunten Schmetterling beobachtet Jessica mit ihrer Freundin.**
- **Mit ihrer Freundin beobachtet Jessica einen bunten Schmetterling.**
- **Beobachtet Jessica mit ihrer Freundin einen bunten Schmetterling?**

Der Satzgegenstand

1 Opas Fragen helfen dir, den Satzgegenstand in jedem Satz zu finden. Beantworte jede Frage, und schreibe den Satzgegenstand daneben. Unterstreiche dann in jedem Satz den Satzgegenstand blau.

Im Komposthaufen hat es sich ein Igel gemütlich gemacht. ____________________

Manchmal hoppelt ein Kaninchen über den Rasen. ____________________

In den Nistkasten auf dem Kirschbaum ist ein Starenpaar eingezogen. ____________________

Im Gemüsegarten knabbern viele Schnecken am Salat. ____________________

Eine Eidechse sonnt sich auf der Steinbank. ____________________

Ein Zitronenfalter flattert über das Blumenbeet. ____________________

Im Gartenteich blühen Seerosen. ____________________

Im Nussbaum hüpft ein Eichhörnchen von Ast zu Ast. ____________________

Wer hüpft im Nussbaum von Ast zu Ast?

Wer knabbert im Gemüsegarten am Salat?

Wer ist in den Nistkasten eingezogen?

Wer hoppelt manchmal über den Rasen?

Wer sonnt sich auf der Steinbank?

Was blüht im Gartenteich?

Wer flattert über das Blumenbeet?

Wer hat es sich im Komposthaufen gemütlich gemacht?

TIPP:

Ein besonderes Satzglied ist der **Satzgegenstand**. Mit der Frage **Wer oder was ...?** kannst du den Satzgegenstand eines Satzes bestimmen.
Beispiel: **Wer** füttert die Vögel?
Opa füttert die Vögel.
Also ist **Opa** der Satzgegenstand in diesem Satz.

Der Satzgegenstand

1 Der kleine Olli erzählt vom Garten zu Hause. Aber Olli bringt einiges durcheinander. Streiche den falschen Satzgegenstand jeweils durch. Beantworte für jeden Satz die Wer-oder-was-Frage, und schreibe den richtigen Satzgegenstand daneben.

Im Komposthaufen lebt ein Starenpaar. ____________

Ein Igel nistet im Vogelhaus. ____________

Über das Blumenbeet flattert eine Eidechse. ____________

Auf dem Stein sonnt sich ein Zitronenfalter. ____________

Seerosen knabbern am Salat. ____________

Viele Schnecken blühen im Teich. ____________

Ein Kaninchen hüpft von Ast zu Ast. ____________

Ein Eichhörnchen hoppelt über den Rasen. ____________

2 Beantworte die folgenden Fragen, und unterstreiche in deinen Antworten den Satzgegenstand blau.

• der Vater • die Amsel •
• der Goldfisch • die Mutter •
• viele Gänseblümchen • Wolken •

TIPP:
Mit der Frage **Wer oder was ...?** fragst du nach dem Satzgegenstand.
Du verwendest das Fragewort **Wer?**, wenn der Satzgegenstand eine Person oder ein Tier ist. Wenn der Satzgegenstand eine Sache ist, fragst du mit **Was?**.
Beispiel: **Wer** nistet im Vogelhaus?
Der Star nistet im Vogelhaus.
Was blüht im Teich?
Eine Seerose blüht im Teich.

Die Satzaussage

1 Was hat Hannes erlebt? Stelle bei jedem Satz die Frage nach der Satzaussage, und kreise alle Satzaussagen rot ein.

Gestern schlenderte ich durch unseren Garten. Zuerst ging ich zum Gemüsebeet und zog mir eine knackige Karotte aus der Erde. Dann beobachtete ich einen dicken grünen Käfer, der auf einen Blumenstängel krabbelte. Doch was war das? Da bewegte sich doch etwas neben dem Komposthaufen! Vorsichtig schlich ich näher. Ich traute meinen Augen nicht! Da lief eine Birne auf vier Beinen! Ich schaute genauer hin. Auf einmal musste ich laut lachen. Denn die Birne auf vier Beinen war in Wirklichkeit ein Igel. Auf seinen Stacheln steckte eine grüne Birne. Vorsichtig befreite ich den Igel von seiner Last. Er war richtig erleichtert und verschwand sofort im Komposthaufen.

2 Suche dir aus der Geschichte oben fünf Sätze aus. Verwandle die Erzählsätze in Fragesätze, indem du die Satzaussage jeweils an die erste Stelle setzt. Schreibe deine Sätze auf.

TIPP:
Jeder Satz hat eine **Satzaussage**.
Die Satzaussage ist das Satzglied, das dir sagt, was jemand tut oder was geschieht.
Mit der Frage **Was tut ...?** oder **Was geschieht ...?** kannst du die Satzaussage bestimmen. Die Satzaussage wird immer von einem Zeitwort gebildet.
Beispiel: Hannes geht durch den Garten.
Was tut Hannes? Er **geht** durch den Garten.
Also ist **geht** die Satzaussage.

Die Satzaussage

1 In den Sätzen fehlt jeweils die Satzaussage. Ergänze richtig. Schreibe unten die Fragen auf, mit denen du die Satzaussagen bestimmt hast.

Der Igel ______________________ im Komposthaufen.

Dort ______________ er auch seinen Winterschlaf bis zum Frühling.

Der Igel ______________ gerne Früchte, Eier, Schnecken.

Bei Gefahr ______________ der Igel ______________,

sodass man nur sein Stachelkleid sieht.

Igel ______________ tagsüber meistens.

______________________ ______________________

______________________ ______________________

______________________ ______________________

2 Bilde mit der Satzaussage **gehe** drei Sätze, und schreibe sie auf. Denke daran, dass du das Wort am Satzanfang immer großschreiben musst. Unterstreiche in deinen Sätzen den Satzgegenstand immer blau und die Satzaussage immer rot.

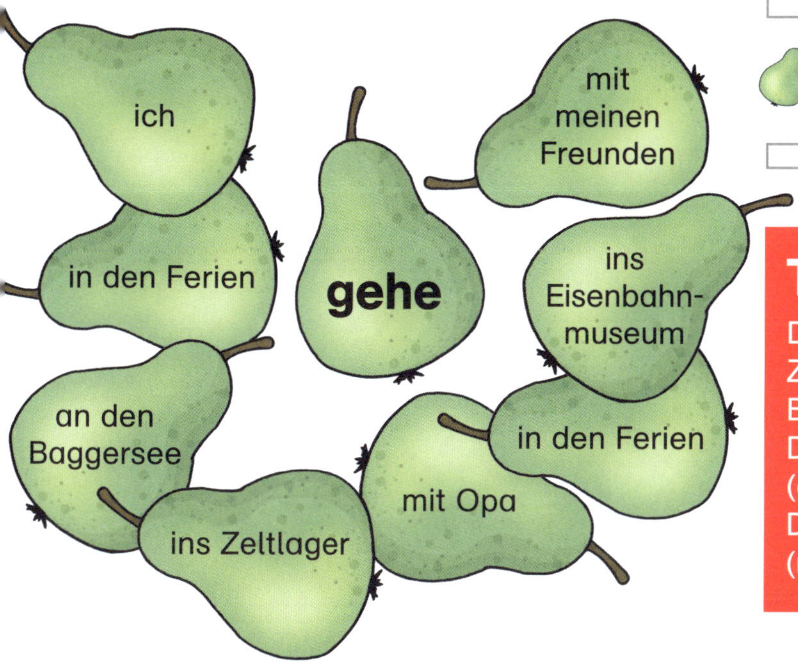

____

____

____

____

____

____

TIPP:
Die Satzaussage bildest du mit einem Zeitwort. Sie kann ein- oder mehrteilig sein.
Beispiel:
Der Igel **frisst** gerne Früchte.
(einteilige Satzaussage)
Der Igel **frisst** alle Schnecken **auf**.
(mehrteilige Satzaussage)

Der geheimnisvolle Tunnel

**Max und seine Freunde Peter und Michi machten mal wieder eine Fahrradtour durch den Wald. Die Sonne schien heiß vom Himmel, und bald bekamen alle drei Jungen großen Durst.
Sie beschlossen, auf einer schattigen Lichtung eine Pause einzulegen. Nachdem sich die drei ein wenig gestärkt hatten, sahen sie sich auf der kleinen Lichtung um. Auf einmal rief Max: „Kommt mal schnell her! Seht nur, was ich entdeckt habe!“ Versteckt unter Büschen und Steinen war der Eingang zu einem geheimnisvollen Tunnel zu sehen. Sollten sich die Kinder in den Tunnel hineinwagen? Was würde sie erwarten?**

1 Wie könnte die Geschichte weitergehen? Bestimmt hast du eine tolle Idee! Versetze dich in die Lage der drei Freunde, und schreibe deine Fortsetzung der Geschichte in Stichpunkten auf.

2 Lies dir die Wörter durch, und überlege dir, ob du sie für deine Fortsetzung der Geschichte gebrauchen kannst. Kreise ein, was du passend findest.

ZEITWÖRTER

schleichen · krabbeln · beobachten · staunen · umkehren · flüstern · schreien · Glück haben · sich verletzen · hinfallen · einbrechen · stehen bleiben · wegrennen · Hilfe holen · ermahnen · retten

geheimnisvoll · dunkel · rutschig · ängstlich · vorsichtig · erstaunt · leise · bröckelig · staubig · ernst · abenteuerlich · gefährlich · glücklich · erleichtert · schnell · verletzt · verschüttet

EIGENSCHAFTSWÖRTER

TIPP:

Jede Geschichte hat einen Höhepunkt. Dieser wird besonders ausführlich und spannend erzählt. Um deine Geschichte spannend zu machen, solltest du treffende Eigenschaftswörter und passende Zeitwörter auswählen.

Den Höhepunkt gestalten

Max und seine Freunde merken nach ein paar Schritten, dass der Tunnel verschüttet ist. Sie kehren wieder um. Auf dem Rückweg treffen sie den Förster und erzählen ihm von dem geheimnisvollen Tunnel. Der Förster macht ein ernstes Gesicht …

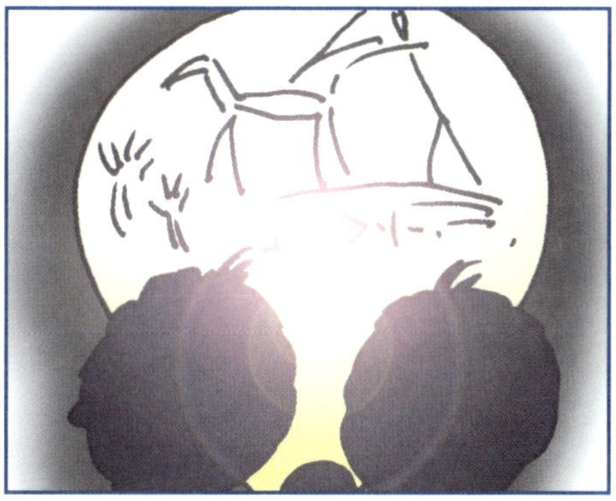

Die Freunde tasten sich vorsichtig den engen Gang entlang. Peter leuchtet mit seiner Taschenlampe. Auf einmal weitet sich der Gang zu einer großen Höhle. An den Wänden erkennen die Kinder geheimnisvolle Zeichnungen …

Max und Peter wollen den Tunnel genauer erforschen. Michi ist die ganze Sache unheimlich. Er bleibt draußen stehen und wartet auf seine Freunde. Nach ein paar Minuten hört Michi einen schrillen Schrei. Kurz darauf bricht mit lautem Krach der Eingang zum Tunnel ein …

1 Zur Geschichte vom geheimnisvollen Tunnel hast du dir sicher einen spannenden Höhepunkt überlegt. Die Geschichte könnte aber auch einen anderen Höhepunkt haben.

Wähle einen Höhepunkt von oben aus, und schreibe mit ihm die Geschichte vom geheimnisvollen Tunnel auf. Denke daran, passende und treffende Wörter zu wählen.

TIPP:

Du kannst deine Geschichte besonders spannend gestalten, …

… indem du nicht gleich zu Beginn alles verrätst.
… indem du wörtliche Rede verwendest.
… indem du andere Wörter für **sagen** wählst, z. B. rufen, schreien, flüstern, hauchen, kreischen …
… indem du Namenwörter durch treffende Eigenschaftswörter näher bestimmst, z. B. schriller (Schrei), lauter (Krach), glitschiger (Boden), stockfinstere (Nacht), eisige (Kälte), drohende (Gefahr) …

Den Schluss gestalten

Max, Peter und Michi schreiben ihre Geschichte für die Klassenzeitung auf. Lies dir durch, wie die Kinder ihr Abenteuer schildern. Beantworte dann die Fragen.

So schreibt Max den Schluss der Geschichte:
Auf einmal hörten wir Stimmen und Geräusche: „Haltet durch, wir sind gleich bei euch!“ Das Erste, was ich sah, war der Helm eines Feuerwehrmannes. So erleichtert wie in diesem Moment war ich in meinem ganzen Leben noch nicht! Bald hatten die Feuerwehrmänner uns freigeschaufelt. Vorsichtig trugen die Männer Peter auf einer Trage nach draußen. Mama und Papa waren auch da. Alle weinten vor Erleichterung. „Da habt ihr großes Glück gehabt, Jungs!“, sagte Papa. „Ihr hättet tot sein können, wenn die Steine direkt auf euch gefallen wären.“ Wir versprachen, nie wieder so etwas Gefährliches zu tun.

So schreibt Peter den Schluss der Geschichte:
Mein Fuß war wohl gebrochen. Er tat unheimlich weh. Der Feuerwehrmann trug mich nach draußen. Ich werde nie wieder in eine Höhle gehen ohne die Begleitung von Erwachsenen.
Am nächsten Tag ging es mir schon viel besser. Bald konnte ich auch wieder Fußball spielen. Wir spielten gegen den SV Schnabelburg, und ich habe zwei Tore geschossen. Das eine Tor war ein Elfmeter, weil einer von den Schnabelburgern Thomas ein Bein gestellt hatte. Das Spiel endete 3:1 für uns.

Und so schreibt Michi den Schluss der Geschichte:
Endlich kam das Feuerwehrauto. Die Feuerwehrmänner gruben vorsichtig den eingestürzten Gang frei. Bald hörte ich Peter und Max laut rufen.
Alle waren erleichtert, als die Feuerwehrmänner schließlich bei den beiden angelangt waren. Peter hatte sich am Fuß verletzt, und Max hatte eine Schramme auf der Stirn. Aber sonst ging es ihnen gut. Auch unsere Eltern waren inzwischen eingetroffen. Alle ermahnten uns, nie wieder einen unbekannten Tunnel zu betreten.

1 Welcher Junge hat die Tipps für einen guten Schluss am besten beachtet? Warum?

2 Welcher Junge hat zu viele Nebensächlichkeiten erzählt?

3 Wie sieht dein Schluss der Geschichte aus? Schreibe ihn auf.

TIPP:
Wörtliche Reden machen die Erzählung spannend. Nebensächlichkeiten lässt du weg. Jede Geschichte muss fertig erzählt werden. Der Schluss muss zu der Geschichte passen.

Schmückende Eigenschaftswörter

Abenteuer im Urwald

Wir machten einen Ausflug in den Urwald, um Schmetterlinge und Pflanzen zu beobachten. Da entdeckte ich eine Blume. Sie gefiel mir so, dass ich gar nicht mehr darauf achtete, bei unserer Gruppe zu bleiben. Plötzlich bemerkte ich, dass ich ganz allein war. Niemand antwortete auf mein Rufen. Ich bekam Angst: Was sollte ich nur tun? Wie sollte ich jemals wieder den Weg aus dem Urwald finden? Ich setzte mich auf einen Baumstamm und begann zu weinen …

Abenteuer im Urwald

Wir machten einen Ausflug in den dichten Urwald, um bunte Schmetterlinge und seltene Pflanzen zu beobachten. Da entdeckte ich eine wunderschöne blaue Blume. Sie gefiel mir so gut, dass ich gar nicht mehr darauf achtete, nahe bei unserer Gruppe zu bleiben. Plötzlich bemerkte ich entsetzt, dass ich ganz allein war. Niemand antwortete auf mein Rufen. Ich bekam schreckliche Angst: Was sollte ich nur tun? Wie sollte ich jemals wieder den Weg aus dem dichten Urwald finden? Ich setzte mich auf einen umgefallenen Baumstamm und begann bitterlich zu weinen …

1 Unterstreiche beim zweiten Geschichtenanfang alle Eigenschaftswörter. Vergleiche mit dem ersten Geschichtenanfang.

2 Welcher Anfang der Geschichte gefällt dir besser? Warum?

3 Erzähle die Geschichte zu Ende. Verwende dabei diese Eigenschaftswörter.

erschöpft • erstaunt • zitternd • ängstlich • scheu • hilfsbereit • erleichtert • dankbar

TIPP:

Deine Geschichte wird spannender und genauer, wenn du passende Eigenschaftswörter verwendest.

Reizwortgeschichte; passende Zeitwörter

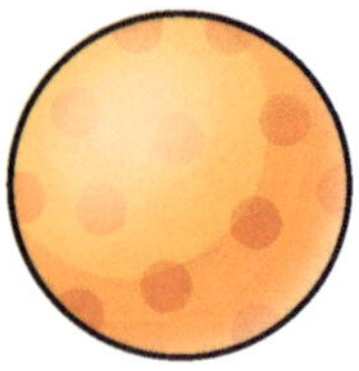
Ball

Hund

Hose

1 Denke dir zu diesen drei Wörtern eine Geschichte aus. Überlege zuerst, wer in der Geschichte vorkommen soll. Denke dann darüber nach, was passieren soll. Notiere hier ein paar Stichpunkte.

Figuren	Handlung

2 Kreise die Zeitwörter ein, die zu deiner Geschichte „Ball – Hund – Hose" passen könnten. Streiche unpassende Zeitwörter durch:

spielen – rennen – putzen – rollen – bellen – Zähne fletschen – klettern – Seil hüpfen – tanzen – knurren – beißen – wegnehmen – arbeiten – verbinden – versuchen – verscheuchen – rufen – bücken – fassen – reißen – schimpfen – loslassen – fliegen – schwimmen – streicheln – Computer spielen – tauchen – füttern – wehen – singen – kochen – backen

3 Schreibe nun deine Geschichte auf. Verwende dabei die ausgewählten Zeitwörter. Und vergiss nicht, in der Geschichte alle drei Reizwörter unterzubringen.

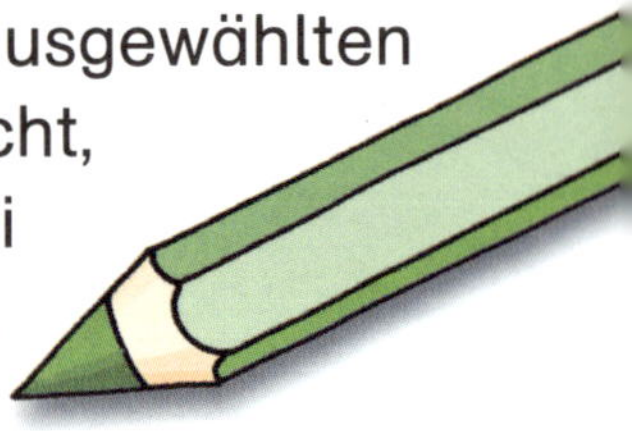

TIPP:
Treffende Zeitwörter machen deine Geschichte spannender und genauer.

Eine treffende Überschrift wählen

1 Welche Überschriften machen dich neugierig? Kreise sie ein.

2 Suche dir eine Überschrift aus, und schreibe eine spannende Geschichte dazu. Denke an die passende Wortwahl.

TIPP:

Die Überschrift soll den Leser der Geschichte neugierig machen. Sie darf aber nicht alles verraten.

Tierrätsel

Mein Tier hat vier Beine und lebt in Afrika. Seine Haut ist grau und dick. Außerdem ist mein Tier sehr stark. Es kann schwere Baumstämme transportieren, und manchmal, das habe ich im Fernsehen gesehen, kann das Tier sogar ganze Bäume umknicken wie Streichhölzer. Aber im Zoo gibt es mein Tier auch. Hier muss es nicht arbeiten, sondern steht den ganzen Tag herum. Das ist aber – denke ich – auch sehr langweilig. Außerdem hat mein Tier große Ohren, die es, wenn es wütend wird, aufstellt. Einen Rüssel hat mein Tier auch. Der Rüssel ist aber nicht die Nase. Der Rüssel ist zum Greifen da, und manchmal spritzt mein Tier einen auch mit Wasser voll, das es mit dem Rüssel aufsaugt.

Wie heißt mein Tier?

Lösung: Elefant

Mein Tier ist grün und klein. Es lebt an Bächen und Teichen. Es kann gut hüpfen und schwimmen. Manchmal kann ich mein Tier schon von weitem hören. Es gibt ein Märchen, in dem sich das Tier in einen Prinzen verwandelt.

Wie heißt mein Tier?

Lösung: Frosch

1 Welches Rätsel ist besser zu lesen und zu verstehen? Begründe.

2 Denke dir ein Rätsel zu einem Tier aus, das du hier unten siehst. Schreibe dein Rätsel auf, und lass deine Freunde raten.

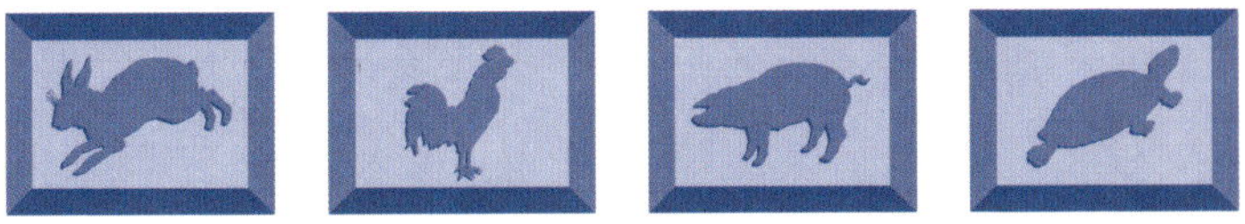

Was bin ich?

Elefantenfüßlerhasenmäulchenschweinebär

TIPP:

Schreibe in einfachen und klaren Sätzen. Dann kann man dein Rätsel besser lesen und verstehen. Wichtig ist, dass du die Dinge beschreibst, ohne zu viel zu verraten.

Die begonnene Zeit einhalten

Geschichten erzählen und schreiben macht Spaß und ist wichtig. Manchmal ist es ein Bild, zu dem dir etwas einfällt, manchmal eine Person. Manchmal sind es aber auch Gefühle, über die du etwas aufschreiben willst, zum Beispiel Freude, Trauer, Wut, Liebe, Ärger oder Angst.

Gestern war der traurigste Tag in meinem Leben. Als ich von der Schule zurückkomme, gehe ich in mein Zimmer, um Hansi zu begrüßen. Hansi ist mein Wellensittich. Zuerst sehe ich Hansi nicht im Käfig, doch dann schon. Er lag auf dem Käfigboden. Ich rufe ihn und streichle vorsichtig über seine Federn, aber er bewegte sich nicht. Ich rannte in die Küche und holte meine Mutter. „Hansi ist tot. Er wollte schon nicht mehr richtig fressen in den letzten Tagen, wahrscheinlich hatte er eine schlimme Krankheit“, sagte Mutter leise und traurig. Ich fange an zu weinen. Ich bin so schrecklich traurig, dass Hansi tot ist. Warum musste er sterben? Wir legen Hansi in eine kleine Schachtel und vergruben ihn im Garten. Mutter legt Blumen auf sein Grab. Ich kann nicht mehr aufhören, zu weinen. Ich habe Hansi so lieb gehabt.

1 Unterstreiche in Daniels Geschichte alle Zeitformen. Was fällt dir dabei auf?

2 Wähle für Daniels Geschichte eine Zeitstufe aus: Gegenwart oder Vergangenheit. Schreibe die Geschichte noch einmal. Bleibe dabei bei der begonnenen Zeit.

TIPP:
Wenn du eine Geschichte erzählst, solltest du die Zeit, mit der du begonnen hast, einhalten. Das kann die Gegenwart oder die Vergangenheit sein.

Sarah schreibt darüber, wie sie sich fühlt und wie es ihr geht.

Immer müssen sie mich ärgern! Heute in der Pause haben sie sich wieder über meinen Pulli lustig gemacht und über meine Frisur! Ich halte das nicht mehr aus. Warum machen sie das nur? Ich habe ihnen doch nichts getan! Jessica und Ramona tuscheln immer miteinander. Ich dachte immer, Jessica wäre meine Freundin, aber heute hat sie gesagt, sie sei nicht mehr meine Freundin. Das macht mich so schrecklich wütend. Ich habe es der Lehrerin erzählt, aber die hat nur gesagt: „Mach dir nichts draus! Dein Pulli ist doch hübsch. Such dir einfach eine neue Freundin!“ Als ob das so einfach wäre! Ich bin auch wütend und ärgerlich auf die Erwachsenen, weil sie nichts verstehen. Gar nichts. Vor lauter Wut habe ich dann nach der Pause Jessicas Hemd mit Saft voll gespritzt. Das war natürlich auch blöd von mir. Aber ich habe mich zornig und ärgerlich gefühlt. Ich bin auch traurig, weil ich keine Freunde habe.

1 Welche Gefühle passen zu Sarahs Geschichte? Kreise die passenden Wörter blau ein.

Ärger
Wut
Langeweile
Zorn
Liebe
Einsamkeit
Hilflosigkeit
Hass
Trauer
Heiterkeit
Ruhe
Gleichgültigkeit
Stolz
Freude
Ausgelassenheit

2 Betrachte die Bilder genau. Suche für jedes Gesicht ein passendes Eigenschaftswort. Male in den leeren Rahmen ein Bild von dir. Schreibe darunter, wie du dich fühlst und was du denkst.

fröhlich • ärgerlich • zornig • aufgebracht • niedergeschlagen • hilflos • traurig • enttäuscht • ausgelassen • wütend • aggressiv • ausfallend • froh

TIPP:

Um Gefühle und Stimmungen genau zu beschreiben, kannst du besonders treffende Wörter verwenden.
Eigenschaftswörter wie ängstlich, furchtsam, gleichgültig, gelangweilt, todtraurig, heiter, ausgelassen, fröhlich, verwirrt, unsicher, glücklich, unglücklich, hilflos ...
Namenwörter wie Schmerz, Langeweile, Trauer, Angst, Unsicherheit, Ungeduld, Freude, Wut, Fröhlichkeit, Ausgelassenheit, Niedergeschlagenheit, Hass, Ruhe, Gleichgültigkeit, Glück, Zufriedenheit ...

Wechselnde Satzanfänge

Martin hat sich ein Geschichtenbuch angelegt. Manchmal schreibt er jeden Tag in sein Buch. Und er malt Bilder zu seinen Geschichten. Lies Martins Tiergeschichte.

Gestern war ich mit Papa im Tiergarten. Da sind wir zuerst ins Affenhaus gegangen. Da war nur ein einziger Affe im Käfig, ein großer Orang-Utan. Dann bin ich ganz nahe an die Glasscheibe gegangen. Und dann ist auf einmal der Orang-Utan auch ganz nahe an die Scheibe gekommen. Dann haben wir uns genau angeschaut. Und dann habe ich gemerkt, dass der Affe sehr traurige Augen hat. Und dann habe ich ihm ein bisschen zugezwinkert. Und dann hat er zurückgezwinkert. Dann sind Papa und ich weitergegangen. Und dann haben wir uns noch viele andere Tiere angeschaut. Aber im Affenhaus hat es mir am besten gefallen.

1 Unterstreiche in Martins Geschichte alle Satzanfänge. Was fällt dir auf? Was könnte Martin besser machen?

2 Verbessere Martins Geschichte. Schreibe sie noch einmal, diesmal aber mit wechselnden Satzanfängen.

TIPP:

Deine Geschichte wird lebendiger und spannender, wenn du wechselnde Satzanfänge verwendest.
Viel besser als **da**, **dann** und **und dann** klingen diese Wörter am Satzanfang: zuerst, danach, anschließend, später, endlich, schließlich, auf einmal, plötzlich, nun.
Vergiss nicht: Am Satzanfang musst du jedes Wort großschreiben.

Leckerer Kartoffelauflauf

1 Auf viele kleine Zettel hat Miriam geschrieben, was ihr Mama über die Zubereitung erzählt hat. Aber, o weh! Was kommt zuerst? Und was danach? Hilf Miriam, und bringe die Einzelschritte in die richtige Reihenfolge. Schreibe die Zahlen von 1 bis 10 in die richtigen Kreise.

Zutaten:

- 5 Kartoffeln
- 1 Zucchini
- 3 Tomaten
- 150 g geriebener Käse
- 1 Becher süße Sahne
- 2 Eier
- 50 g Butter
- Salz, Pfeffer

- Zum Schluss die Sahne mit den Eiern verquirlen und über den Auflauf gießen. ◯
- Im Backofen bei 200 Grad ungefähr 45 Minuten backen. ◯
- Die Zucchini und die Tomaten waschen, dann in Scheiben schneiden. ◯
- Über jede Schicht geriebenen Käse streuen. ◯
- Guten Appetit! ◯
- Butterflocken darüber verteilen. ◯
- Salz und Pfeffer nicht vergessen! Aber nicht zu viel! ◯
- Die Kartoffeln kochen, schälen und in Scheiben schneiden. ◯
- Die Kartoffel-, die Zucchini- und die Tomatenscheiben abwechselnd in die Auflaufform schichten. ◯
- Eine Auflaufform mit Butter einfetten. ◯

2 Schreibe nun das Rezept auf. Achte auf die richtige Reihenfolge.

TIPP:
Wenn du ein Rezept aufschreibst, ist es wichtig, dass du nichts vergisst und dass du die richtige Reihenfolge der einzelnen Schritte einhältst.

Einen Brief schreiben

Bis zur 3. Klasse hat Gülay die Schule in Deutschland besucht. Dann ist sie mit ihren Eltern in die Türkei zurückgekehrt. Jetzt schreibt Gülay ihrer Freundin Kerstin regelmäßig Briefe. Und Kerstin schreibt Gülay zurück.

Istanbul, den 5. September

Liebe Kerstin,

vielen Dank für deinen Brief! Das ist sehr interessant, was du über euren Schulausflug auf die Burg Feuerstein schreibst. Vielen Dank auch für das Foto! Bei uns ist es im Moment sehr heiß. Ich freue mich schon auf das Wochenende. Dann fahren wir ans Meer zu meiner Großmutter. Dort gibt es auch junge Hunde und ein Pferd, auf dem ich reiten kann. In der Schule muss ich viel lernen. Der Lehrer ist sehr streng. Wir haben auch fast jeden Nachmittag Unterricht. Auf dem Foto, das ich dir mitschicke, siehst du mich und meine Freundin Fatma in unserer Schuluniform. Bitte schreibe mir bald zurück!

Viele Grüße von deiner Freundin

Gülay

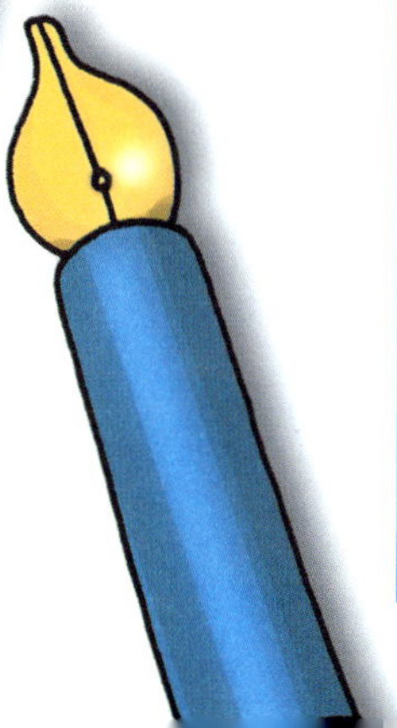

1 Kerstin hat ihre Ferien auf einer Berghütte in Österreich verbracht. Was könnte sie Gülay davon erzählen?

TIPP:

Berücksichtige bei deinem Brief immer, an wen du schreibst und was deinen Briefpartner interessieren könnte. Wenn dir dein Briefpartner zum Beispiel eine Frage gestellt hat, solltest du in deinem Brief darauf eingehen.
Anredefürwörter schreibst du im Brief klein:

du, dich, dein, ihr, euer ...

Die Anredefürwörter für eine Person, die du siezt, musst du aber großschreiben:

Sie, Ihnen, Ihr ...

Anliegen und Meinungen äußern

Die Schüler der Klasse 3a machen sich Gedanken über den Müll in der Schule. Dabei kommt ihnen eine Idee.

1 Du hast sicher auch eigene Vorschläge zur Müllvermeidung in der Schule. Schreibe sie in die leeren Sprechblasen.

Die 3a möchte die anderen Klassen der Schule über ihre Mülltrenn-Aktion informieren. Zuerst werden Stichpunkte gesammelt. Dann schreiben die Kinder gemeinsam einen Brief und verteilen ihn in der Schule.

Liebe Schüler!
Wir, die Klasse 3a, wollen eine Mülltrenn-Aktion durchführen! Zu viel Müll ist nämlich sehr belastend für die Umwelt. Helft doch bitte alle mit!

____

____

____

____

____

____

____

____

____

____

____

____

____

2 Schreibe den Brief der Klasse 3a zu Ende. Lies dir noch einmal durch, was in den Sprechblasen steht.

TIPP:
Wenn du andere von etwas überzeugen willst, musst du deine Vorschläge **klar und deutlich** äußern. Es ist immer gut, wenn du deine Meinung **begründest**.

Anliegen und Meinungen äußern

1 Max möchte seine Eltern um mehr Taschengeld bitten. Er hätte gern 10 Euro im Monat statt wie bisher 8 Euro. Mit welchen Äußerungen wird Max bei seinen Eltern Erfolg haben? Male diese Sprechblasen farbig aus.

- Ich hätte gerne 2 Euro mehr Taschengeld. Ich könnte auch im Haushalt helfen.
- Das ist ungerecht! Felix bekommt 10 Euro im Monat.
- Ich möchte mir gerne ein Modellflugzeug bauen, und deswegen bräuchte ich etwas mehr Taschengeld. Die Farben sind so teuer.
- Was müsste ich tun, damit ich 2 Euro Taschengelderhöhung bekomme?
- Alle bekommen mehr Taschengeld als ich!
- Ich muss mehr Taschengeld bekommen. Sonst kann ich das Modellflugzeug nicht bauen.
- Mir reichen 8 Euro im Monat einfach nicht.

2 Die Klasse 3c möchte beim Schulfest einen Flohmarkt veranstalten. Mit Zetteln, die im Schulhaus verteilt werden, werben die Kinder für ihre Aktion. Was hältst du von den Vorschlägen? Kreuze (gut) oder (schlecht) an.

- Macht alle mit beim Flohmarkt der Klasse 3c. Ihr könnt eure alten Spielsachen loswerden!
- Wer will alte gegen neue Spielsachen tauschen? Der soll mitmachen bei unserem Flohmarkt. Eure Klasse 3c
- Bringt uns bitte Sachen für den Flohmarkt. Danke. Klasse 3c
- Wir veranstalten einen Flohmarkt. Klasse 3c

3 Was würdest du auf den Zettel schreiben? Schreibe zwei Ideen auf.

4 Stell dir vor, du möchtest mit deinen Freunden ins Kino gehen. Deine Mutter zögert, ob sie es dir erlauben soll oder nicht. Wie könntest du sie überzeugen? Schreibe drei Argumente auf.

Lösungen

Seite 6:
1 A, B, C, D, E, F, G, H, I, J, K, L, M, N, O, P, Q, R, S, T, U, V, W, X, Y, Z
2 Ameise, Bär, Chamäleon, Dachs, Esel, Fisch, Giraffe, Hase, Igel, Jaguar, Kuh, Leopard, Maultier, Nashorn, Ochse, Papagei, Qualle, Ratte, Seepferdchen, Taube, Uhu, Vogel, Wal, Yak, Zebra
Ein Wort mit **X** fehlt.
3 Draht – Eier – Farbe
Jacke – Kaffee – Löffel
Quark – Roller – Schlitten

Seite 7:
1 Selbstlaute: a, e, i, o, u
Mitlaute: b, c, d, f, g, h, r, t
Umlaute: ä, ü, ö
Doppellaute: ei, ai, eu, äu
2 Vase: Selbstlaute = a, e; Mitlaute = v, s; Wurst: Selbstlaut = u; Mitlaute = w, r, s, t; Zucker: Selbstlaute = u, e; Mitlaute = z, c, k, r; Äpfel: Selbstlaut = e; Mitlaute = p, f, l; Umlaut = ä; Eis: Doppellaut = ei; Mitlaut = s; Computer: Selbstlaute = o, u, e; Mitlaute = c, m, p, t, r
3 Löffel, Brücke, Honig, Boot, feucht

Seite 8:
1 MMMSM: Schal, Schaf, Schuh
MMSMM: Pferd
MUMS: Rübe, Löwe
MUMMS: Nüsse, Zähne, Mütze, Hände
MSMS: Hose, Vase, Hase
MSMM: Netz, Salz
MSMSM: Gabel, Vogel
2 Wörter mit vier Buchstaben: Rübe, Löwe, Hose, Vase, Hase, Netz, Salz
Wörter mit fünf Buchstaben: Schal, Schaf, Schuh, Pferd, Nüsse, Zähne, Mütze, Hände, Gabel, Vogel

Seite 9:
1 Butter, dumm, fressen, Gewitter, immer, Kaffee, Löffel, Mann, schwimmen, Suppe, vergessen, Zettel
2 Kissen, nett, Nummer, Pfennig, rennen, retten, sammeln, Schlitten, Schloss, schütteln, Sommer, Spannung, spotten, Stamm, stimmen, Treppe, wenn, Wette, zittern

Seite 10:
1 Wörter mit doppeltem Selbstlaut: Beet, Moos, Boot, Beeren, Meer, Zoo, Schnee, Saal, Haar, leer, See, Moor
Wörter mit einfachem Selbstlaut: Bett, Schrank, Post, stellen, Hütte, Wolke, Lamm, Salz, Decke, Ort, Garten, Mensch, Treppe, Winter
2 Wörter mit **ee**: Beet, Beeren, Meer, Schnee, See, leer
Wörter mit **aa**: Haar, Saal
Wörter mit **oo**: Moos, Zoo, Moor, Boot

Seite 11:
1+2 Wörter mit **eu**: Feuer, Beule, Freund, Steuer, Teufel, Kreuz, Leute
Wörter mit **äu**:
träumen < Traum
Fräulein < Frau
läuten < Laut
Bäume < Baum
Häuptling < Haupt
aufräumen < Raum
Häuser < Haus

Seite 12:
1 Stuhl, Huhn, Reh, Kuh, Glühbirne, Fahne, Schuh, Truhe, Mohrrübe, Gewehr

Seite 13:
1+2 Wörter mit **-d**: Pferd, Bild, Schild, Wald, Kind, Hund
Wörter mit **-t**: Salat, Hut, Brot, Zelt, Paket, Text
Wörter mit **-g**: Berg, Zwerg, Zug
Wörter mit **-k**: Schrank, Geschenk, Bank

Seite 14:
1+2 Wörter mit **B-/b-**: Bahn, Ball, Bett, Block, beißen, baden, Bruder, Bad
Wörter mit **P-/p-**: Pilz, Puppe, Pause, Post, putzen, Prüfung, parken

Seite 15:
1 Wörter mit **k**: Wolke, Krokodil, Park, Quark, winken, Balken, Gurke, Gedanke, Paket, Markt, stark, Bank, Maske
Wörter mit **ck**: Acker, Wecker, Block, flicken, dreckig, Sack, Stück, locker, Fackel, Zucker, dick, Decke, schicken, Brücke, Ecke
2 Wecker, backen, Decke, locker, Zucker, Brücke, Fackel, schicken, dreckig

Seite 16:
1+2 Apfel, Ap-fel; Kopf; Pferd; Gipfel, Gip-fel; impfen, imp-fen; klopfen, klop-fen; pflanzen; schimpfen, schimp-fen; schlüpfen, schlüp-fen; tropfen, trop-fen; Pfennig; Pfütze; Kampf

Seite 17:
1 quer, Quatsch, Quelle, Qualle, quietschen, quaken, bequem, Quartett
2 Namenwörter: Quatsch, Quelle, Qualle, Quartett
Zeitwörter: quietschen, quaken
Eigenschaftswort: bequem
Sonstiges Wort: quer

Seite 18:
1 Wörter mit **ss**: Schluss, Schloss, Kuss, grässlich, nass, blass, vergessen, Kissen, bisschen, Fluss, müssen, Wasser, essen
Wörter mit **ß**: Fuß, süß, weiß, Straße, Strauß, Gefäß, scheußlich, grüßen, schließen, groß

Seite 19:
1 Wörter mit **tz**: Spitze, Pfütze, Katze, sitzen, setzen, putzen, schützen
Wörter mit **z**: Wurzel, Schmerzen, pflanzen, tanzen
2 Wörter mit **tz**: Mütze, Spitze, Pfütze, Katze, Schutz, Spatz, Sitz, putzen, setzen
Wörter mit **z**: Schmerz, Arzt, Warze, Pflanze, Wanze

Seite 20:
1+2 Richtig geschrieben heißen die Wörter so: spät, Sport, Stamm, steil, Stirn, stumpf, stürzen.

Seite 21:
1 verlange, verdrücke, verstanden, verhaue, verschwinden, verlasse, verraten, verstehe, vertragen, verliebt
2 verschreiben, verlegen, verblühen, verstehen, vertragen, versinken

Seite 22:
1 Biene, Stiefel, Zwiebel, Ziel, Spiegel, vier, Riese, Wiese, Fliege, Altpapier, Wiege, Brief, sieben
2 Wörter mit **ie**: verbieten, wieder, Fliege, Kies, Lied
Wörter mit **i**: Tiger, Biber, Igel, Kino
Wörter mit **ieh**: ziehen, wiehern
Wörter mit **ih**: ihn, ihnen, ihm, ihre

Seite 23:
1 verbiegen, zuschließen, wegschieben, abwiegen, liegen, Frieden;
lieben, verzieren, Blumenwiese, verlieren, spielen, Malpapier;
fortfliegen, verdienen, Brief, Miete, schief, Besenstiel

Seite 24:
1 Wörter mit **-ig**: vorsichtig, giftig, witzig, rauchig, kugelig, rosig, fettig, bauchig, saftig, wolkig, durstig, steinig, seifig, ruhig, eisig, fleißig
Wörter mit **-lich**: schrecklich, herbstlich, sommerlich, festlich, winterlich

Seite 25:
1 Wörter mit nur **einer** Silbe: Wurst, Fisch, Brot
Wörter mit **zwei** Silben: Kaf-fee, Kä-se, Sa-lat, Piz-za, Sup-pe
Wörter mit **drei** Silben: To-ma-te, Blu-men-kohl, Kar-tof-feln, Früch-te-tee, A-na-nas, Eis-be-cher
Wörter mit **vier** Silben: Gur-ken-sa-lat, Nu-del-auf-lauf, Scho-ko-la-de, Ho-nig-ku-chen

Lösungen

Seite 26:
1 Bäumen, Hähnchen, Würste, Kuchen, Äpfel, Birnen, Blumen, Eistüten, Bonbons, Schokolade, Limonade, Milch, Wein, Menschen, Wiese, Berg, Häuser, Steinen, Brot, Lebkuchen, Kinder, Ball, Erwachsene, Gitarre, Säge, Hammer, Tisch, Schrank, Tor

Seite 27:
1 einem Zeltlager, eines Waldes, einer Wiese, die Schlafsäcke, das Zelt, die Geräusche, der Nacht, die Freunde, einem seltsamen Kratzen, der Zeltwand, ein Gespenst, den Freunden, die Zeltluke, eine Kuh, dem Zelt, den Tau, der Zeltwand, einen Satz, die Wiese, die Schlafsäcke, die Sonne, der Nase

Seite 28:
1 der Sommer, die Natur, das Fest, die Getreidefelder, der Wind, die Wiesen, die Gärten, die Blumen, die Kornblumen, der Himmel, der Mohn, die Sonne, die Butterblumen, der Vollmond, die Bäume, die Früchte, die Kirschen, die Äpfel, die Kinder, die Beeren, die Sträucher, die Himbeeren, die Brombeeren, die Stachelbeeren, die Johannisbeeren, die Füchse, der Waldrand, der Gesang, die Vögel

Seite 29:
1 die Arbeit, die Aufgabe, die Bewegung, die Ehe, die Ferien, der Frieden, der Gedanke, der Kampf, der Krieg, die Lüge, die Minute, die Pause, die Prüfung, der Schluss, die Spannung, die Sorge, der Tod, der Unterricht, die Wärme, der Winter, das Ziel

Seite 30:
1 Haustür, Flussbett, Wassermühle, Kopfsalat, Apfelbaum, Blumentopf, Sonnenbrille, Gartenschere, Steintreppe
2 Schuhbürste, Zahnbürste, Haarbürste, Kleiderbürste

Seite 31:
1 federleicht, schneeweiß, eiskalt, spiegelglatt, kugelrund, sternenklar, stockfinster, glasklar, knochenhart, tropfnass,
2 nasskalt, schwülwarm, bitterkalt, dunkelblau, hellrot, spitzfindig, tiefschwarz

Seite 32:
1 klein, schwarz, kurz, glatt, weißen, runden, langen, struppig, spitz, abgeknickt, rotes, silbernen, grünes, gelben, großzügige
2 Hektor ist auf Bild 1 zu sehen.

Seite 33:
1+2 Mopsi – Grundform: billig, brav, dick, fleißig, fröhlich, fett, lustig, sauber, spät, steil
Lulu – 1. Vergleichsform (Höherstufe): billiger, bräver, dicker, fleißiger, fröhlicher, fetter, lustiger, sauberer, später, steiler
Hektor – 2. Vergleichsform (Höchststufe): am billigsten, am brävsten, am dicksten, am fleißigsten, am fröhlichsten, am fettesten, am lustigsten, am saubersten, am spätesten, am steilsten

Seite 34:
1 Richtige Reihenfolge der Fürwörter: du, ich, ich, sie, sie, wir, er, es, ich, mir, ich, ihn, mir, ich, dir, ich, dich
2 Richtige Reihenfolge der Fürwörter: ich, ich, du, ich, ich, sie, dir, wir, du, es, ich, mir, ich, dich, dir, dich, du, ihn

Seite 35:
1 Reihenfolge der Fürwörter: er, er, er, sie, sie, sie
2 Reihenfolge der Fürwörter: du, ich, wir, ihr, ihr, sie, du, ihr, euch

Seite 36:
1 Zeitwörter in der Gegenwart: gehe, sind, sitze, dürfen, machen, gefällt, singen, ist, vergessen, bekommen, gibt, mag, kann springen, besorgen, spiele, gehe, gefallen
2 lesen – ich lese, fahren – ich fahre, grüßen – ich grüße, holen – ich hole, keuchen – ich keuche, lügen – ich lüge, malen – ich male, pflegen – ich pflege, schieben – ich schiebe

Seite 37:
1 Zeitwörter in der Vergangenheit: war, besuchte, war, gab, wohnte, stand auf, waren, war, durfte reden, fragte, benutzte, gehorchten, bekamen, schrieben, schrieben, schimpfte, machten, lernten, machten, mussten, gab, gingen, schneite, war, freuten sich, spielten
2 Zeitwörter in der Gegenwart: sie springen, wir singen, ich sitze, wir bekommen, ich gehe, ich mag, wir vergessen, wir sind
Zeitwörter in der Vergangenheit: wir machten, es schneite, er fragte, wir freuten uns, wir mussten, wir schrieben, sie gingen, sie gehorchten

Seite 38:
1+2 beginnt – begann
beißt – biss
biegt – bog
drückt – drückte
gewinnt – gewann
kocht – kochte
lügt – log
mixt – mixte
pfeift – pfiff
reißt – riss
schiebt – schob
schließt – schloss
schweigt – schwieg
singt – sang
spricht – sprach
stiehlt – stahl

Seite 39:
1 Bestimmte Zahlwörter: zwei, drei, vier, fünf, sette, neun, acht, sechs, zehn
2 Unbestimmte Zahlwörter in der richtigen Reihenfolge: unzählige, ein paar, zigtausende, wenigen, viele, mehrere

Seite 40:
1 Gestern machte unsere Klasse einen Ausflug in den Zoo. **D**as war sehr schön. **W**ir beobachteten viele Tiere. **B**esonders gut hat mir das junge Panzernashorn gefallen. **E**s flitzte im Gehege hin und her und schubste immer wieder seine Mutter an. **I**m Tropenhaus war es ganz warm. **D**ie Faultiere habe ich nicht gleich gesehen. **S**ie hingen völlig unbeweglich in den Ästen und schliefen. **A**m allerschönsten war es im Streichelgehege. **D**ie jungen Ziegen ließen sich füttern. **I**ch habe sogar den kleinen Emu am Hals gestreichelt.
2 Wozu? Was? Warum? Womit? Wo? Wer?

Seite 41:
1 Bitten:
Seid bitte ganz leise!
Fasst den Pfau bitte nicht an!
Gib mir bitte mal die Tüte mit Brot!
Aufforderungen:
Nimm dir doch eine Möhre!
Halte sie dem Kamel vorsichtig hin!
Geh lieber einen Schritt zurück!
Streiche sanft über das Fell des Ponys!
Zählt mal für jeden Affen drei Bananen ab!

Seite 42:
1 Die Tiere – zeigen – den Zuschauern – viele Kunststücke.

Lösungen

Den Zuschauern –
zeigen – die Tiere –
viele Kunststücke.
Viele Kunststücke –
zeigen – die Tiere –
den Zuschauern.

2 Der Löwe – springt –
durch den Reifen.
Durch den Reifen – springt
– der Löwe.

Der Seehund – balanciert –
einen Ball – auf der Nase.
Auf der Nase – balanciert –
der Seehund – einen Ball.
Einen Ball – balanciert –
der Seehund – auf der
Nase.

Seite 43:

1 Meine Freunde und ich
fuhren ganz oft mit der
Achterbahn.
Wir streichelten Ziegen
und Murmeltiere im
Kleintierzoo.
Wir kauften Lose an der
Losbude.
Monika zog den Hauptgewinn.
Es war ein großer Teddybär.
Am besten gefiel mir das
Ponyreiten.

2 Tobias fährt in der
Geisterbahn mit seinem
Freund Achmet.
In der Geisterbahn fährt
Tobias mit seinem Freund
Achmet.
Mit seinem Freund Achmet
fährt Tobias in der Geisterbahn.
Fährt Tobias mit seinem
Freund Achmet in der
Geisterbahn?
Fährt Tobias in der Geisterbahn mit seinem Freund
Achmet?

Seite 44:

1 Satzgegenstände:
ein Igel, ein Kaninchen,
ein Starenpaar, viele
Schnecken, eine Eidechse,
ein Zitronenfalter,
Seerosen, ein Eichhörnchen

Seite 45:

1 **Wer** lebt im Komposthaufen? **Ein Igel.**
Wer nistet im Vogelhaus? **Ein Starenpaar.**
Wer flattert über das Blumenbeet? **Ein Zitronenfalter.**
Wer sonnt sich auf dem Stein? **Eine Eidechse.**
Wer knabbert am Salat? **Viele Schnecken.**
Was blüht im Teich? **Seerosen.**
Wer hüpft von Ast zu Ast? **Ein Eichhörnchen.**
Wer hoppelt über den Rasen? **Ein Kaninchen.**

2 **Der Vater** baut ein
Gartenhaus. **Der Goldfisch**
schwimmt im Teich.
Die Mutter erntet Äpfel.
Viele Gänseblümchen
blühen auf dem Rasen.
Wolken ziehen über den
Himmel. **Die Amsel** sitzt
pfeifend auf dem Baum.

Seite 46:

1 Satzaussagen:
schlenderte, ging, zog,
beobachtete, krabbelte,
war, bewegte, schlich,
traute, lief, schaute hin,
musste lachen, war,
steckte, befreite, war,
verschwand

2 **Schlenderte** ich gestern
durch unseren Garten?
Ging ich zum Gemüsebeet?
Lief da eine Birne auf vier
Beinen? **Befreite** ich den
Igel von seiner Last?
Verschwand er sofort im
Komposthaufen?

Seite 47:

1 **Was tut** der Igel im
Komposthaufen?
Er **versteckt sich**.
Was tut er dort bis zum
Frühling? Er **hält** seinen
Winterschlaf.
Was tut der Igel mit Früchten, Eiern und Schnecken?
Er **frisst** sie.
Was tut der Igel bei Gefahr?
Er **rollt sich zusammen**.
Was tun Igel tagsüber
meistens? Sie **schlafen**.

2 Ich gehe in den Ferien
mit meinen Freunden ins
Zeltlager.
Ich gehe mit Opa ins Eisenbahnmuseum.
Ich gehe mit meinen Freunden an den Baggersee.

Seite 50:

1 Den besten Schluss hat
Max geschrieben. Max hat
sich auf die wichtigen
Dinge beschränkt und alles
Nebensächliche weggelassen. Er hat wörtliche Rede
verwendet und treffende
Eigenschafts- und Zeitwörter gewählt.

2 Peter hat zu viele Nebensächlichkeiten erzählt.

Seite 51:

1 Eigenschaftswörter:
dichten, bunte, seltene,
wunderschöne, blaue, gut,
nahe, entsetzt, allein,
schreckliche, dichten,
bitterlich

2 Die zweite Geschichte
ist spannender, weil
Eigenschaftswörter verwendet wurden.

Seite 53:

1 Überschriften, die besonders neugierig machen:
- In Seenot – mit dem Schlauchboot auf dem Meer
- Gefangen im Burgverlies
- Rettung aus höchster Not
- Allein im Urwald

Seite 54:

1 Das bessere Rätsel ist
das über den Frosch. Der
Rätseltext ist in klaren, einfachen Sätzen geschrieben.
Es wird nicht zu viel verraten. Das Wichtigste ist
erwähnt.

Seite 55:

1 Gestern war der traurigste Tag in meinem Leben.
Als ich von der Schule
zurückkomme, gehe ich in
mein Zimmer, um Hansi zu
begrüßen. Hansi ist mein
Wellensittich. Zuerst sehe
ich Hansi nicht im Käfig,
doch dann schon. Er lag
auf dem Käfigboden. Ich
rufe ihn und streichle vorsichtig über seine Federn,
aber er bewegte sich nicht.
Ich rannte in die Küche und
holte meine Mutter. „Hansi
ist tot. Er wollte schon nicht
mehr richtig fressen in den
letzten Tagen, wahrscheinlich hatte er eine schlimme
Krankheit", sagte Mutter
leise und traurig. Ich fange
an zu weinen. Ich bin so
schrecklich traurig, dass
Hansi tot ist. Warum
musste er sterben? Wir
legen Hansi in eine kleine
Schachtel und vergruben
ihn im Garten. Mutter legt
Blumen auf sein Grab. Ich
kann nicht mehr aufhören,
zu weinen. Ich habe Hansi
so lieb gehabt.

Auffällig ist, dass Daniel in
seiner Geschichte die Zeitformen mischt. Er wechselt
zwischen Gegenwart und
Vergangenheit.

Seite 56:

1 Zu Sarahs Geschichte
passen diese Gefühle:
Wut, Ärger, Zorn, Hass,
Einsamkeit, Trauer,
Hilflosigkeit.

2 froh: fröhlich, ausgelassen
wütend: ärgerlich, zornig,
enttäuscht, aggressiv,
ausfallend
traurig: niedergeschlagen,
enttäuscht

Seite 57:

1+2 Martin verwendet zu
oft die Wörter **dann** und
und dann.

So klingt Martins
Geschichte besser:
Gestern war ich mit Papa
im Tiergarten. **Zuerst** sind
wir ins Affenhaus gegangen. Da war nur ein einziger Affe im Käfig, ein
großer Orang-Utan.
Dann bin ich ganz nahe an
die Glasscheibe gegangen.
Auf einmal ist der Orang-Utan auch ganz nahe an
die Scheibe gekommen.
Nun haben wir uns genau
angeschaut. **Plötzlich** habe
ich gemerkt, dass der Affe
sehr traurige Augen hat.
Sofort habe ich ihm ein